JN162668

武術極意の“深あ〜い話”

無住心会
近藤孝洋

BABジャパン

前書き

本書は数年前、数年に渡って『月刊秘伝』に連載されたものの一部を抽出し、本にまとめていただいたものです。その内容は、一言で言えば、

「ぜ〜ったいに学校では教えてくれない、武術の秘伝にまつわるお話の数々」

であり、まずは本文に入る前に、頭脳極めて明晰であられた私の師匠の御見解による、

「武術の秘伝とは何か」

について、定義とも言える秘伝についてのお話をさせていただきます。さて、師匠のいわく、

「武術の秘伝とは何か。それは、基本技である。実に、基本技こそが、武術究極の秘伝技なのである。生死を分かつ実戦の勝負の場においては、平素の稽古で会得した、使い慣れた技しか出せるものではない。銃器の撃ち合いで言えば、使い慣れて手になじんだ一丁の銃で、最初から最後まで戦い抜くのが実戦で、途中で換えるのは、空になった弾倉を、補弾した弾倉に取り換えることのみである。さて、その基本技であるが、これは何万回の反復稽古よりも、秘伝の名に値する、人知を超えた高みにある英知を用いた至高の術理と、それを肉体で表現するための人知を超えた、未知なる訓練法。この二つを、自動車で言えば、二回のプレス加工を平凡な金属版に加える事により、ただの金属版が、原型とは似ても似つかない、完成度の高いスポーツカーのボディに激変するように、太古より伝承された未知の英知と練功法、この二つをくぐらせた方が、はるかに平凡な基本技を、天下無敵の威力を持つ秘伝技に激変させ

得る事を昔日の秘伝の伝承者たちは知っていたのである。」

という訳で、古流武術の秘伝技法とは、一般人には想像もつかない高い知能と、それを土台とした、これまた想像もつかない訓練法、この二つのプロセスを通過させる事によって、「原型とは似ても似つかぬ威力の技に、ただの基本技を激変させたもの」

と言えるのです。そこで次に、皆様のおそらく知りたがっておられる、「未知なる術理や、練功法について」

ほんの少しだけ、お話をしましょう。日本の古武士の表芸は「剣術」ですから、まずはその辺りから。これは、古流の流派によって様々に名付けられていますが、中身は一つ。例えば、「石火の機」(二つの火打ち石を打ち合わせた時に発する、一瞬の火花のこと)「雲耀」(うんよう。雲がきらめくと読み、その意味は一瞬の落雷。イナビカリ。稲妻)

これの意味する秘伝技法はただ一つ。すなわち、武術にあまり縁のない人々にも十分に分かりやすい、「とてつもない速度の、目にも止まらぬ早技」

であるが、さて、どうやってそこに至るか。落雷は人工的に起こせませんから「石火の機」のみ説明を致します。これ、別に研究対象は石でなくても、金属でも、木でもいいのです。現代人に分かるようにお話を致しますから、ヒマな人や、デートの曜日を変えられた人は読んで下さい。さて、剣術には、「交刃」

という業界用語があり、これは、刀と刀が激しくぶつかり合う事を言います。現代の科学者が測定した、「交刃」を正確な測定値で申しますと、ガキッと交刃した瞬間から、次の、互いに刀身が弾かれ合って

離れるまでの時間は、大体ですが、

「二千分の一秒」（0・0005秒）

　だそうです。そして、交刃の瞬間に生じる振動波が、交刃の一点から、互いの刀身に伝達されるその振動波伝達の速度は、これも大体ですが、

「毎秒五千メートル」（マッハ15）

　だそうです。何の話をしているかと言えば、剣術における基本技の話をしているのであり、

「石火の機」あるいは「雲耀」

　の秘伝技を会得する武士たちは皆、この一見、人間の手に届きそうにない領域にある数値の技、

「二千分の一秒で、早くも終了させる技」

「毎秒五千メートルの波動に乗せて仕掛ける技」

　の研究に没頭したのでした。不可能だと断言する前に、ここで「一秒針」の話をさせていただきましょう。

「直径2メートル、針の長さ1メートルの一秒針の周囲は約6・28メートル」

　ですから、千分の一秒で針は6・3ミリ、二千分の一秒で針は3・15ミリ動きます。3・15ミリの隙間を光や物体が通過すれば、眼や脳は余裕をもってこれを解析できますから、その瞬間に合わせて、体や重心を、ほんのわずかでも動かす事は、稽古次第で可能です。また、毎秒五千メートルの波動は、

「千分の一秒で5メートル。二千分の一秒で2・5メートル」

　ですから、3・15ミリのスリットを2・5メートル通過するだけですから、これも驚くほどではない。

このように解析して、武術の技の基本単位として、自己の基本技を激変させる時、

「あ〜ッ、昔の私は何と桁外れに長い使用時間を使って、技を使っていたのだろう。」

となる訳です。その時に出る歌は私の場合、これしかございません。細川たかしさんのモノマネで、

「私バカよね〜〜。おバカさんよね〜〜♪」

以上をもちまして、簡単ながら、前書きとさせていただきます。

２０１７年６月

近藤孝洋

もくじ

第3章 剣術秘伝〝心の一方〟

第4章 太極拳の探究

第5章 瞬速の居合原理

第6章 必殺の一撃

※本書は2010年〜2014年に『月刊秘伝』誌に掲載された連載より編纂・構成したものです。

第1章

マッハ・パンチを撃つ法

発勁とは何か？

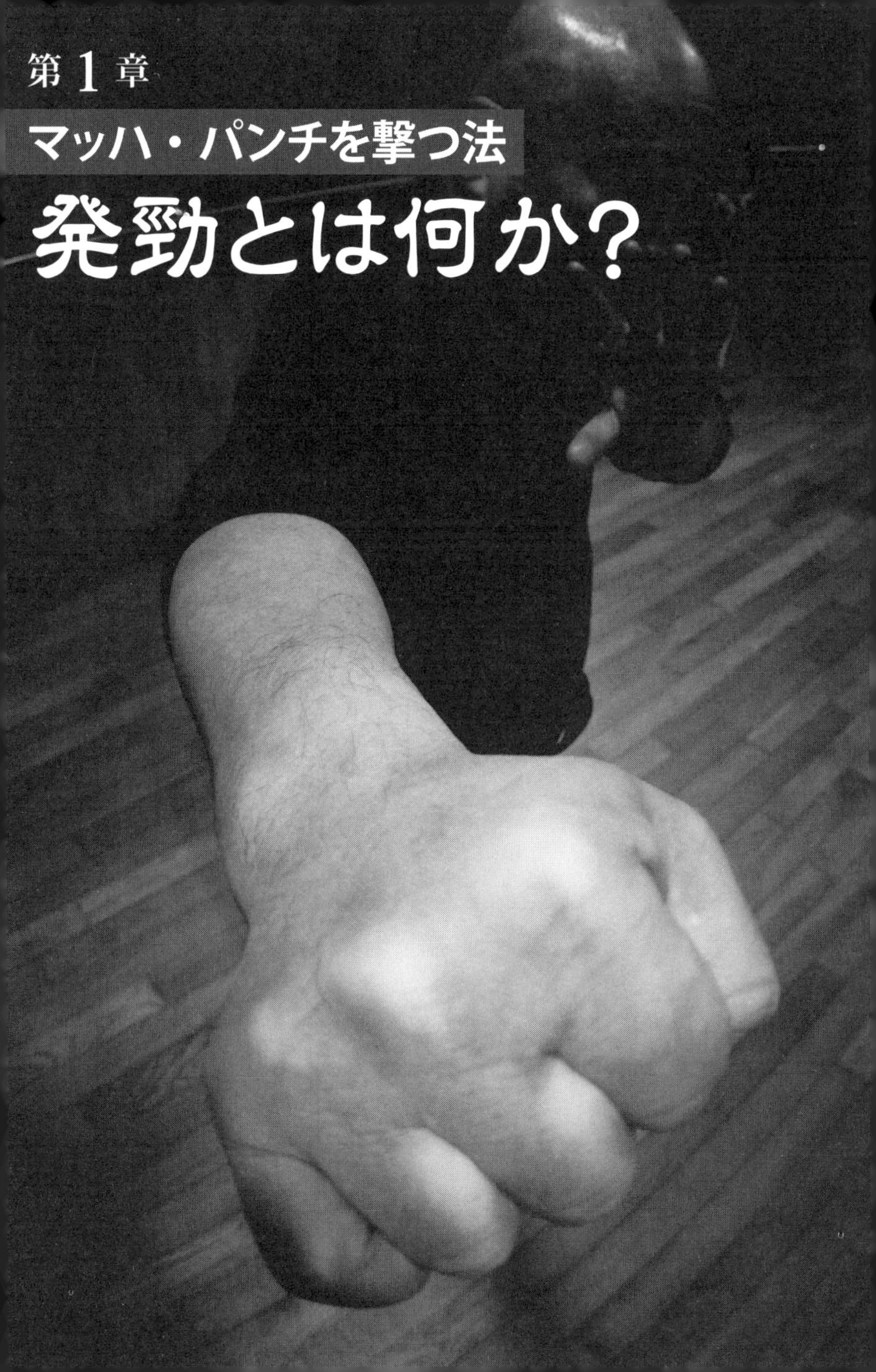

錐体外路神経系のスピード

「心、感のままに動きて自性の天則にしたがう時は、霊明始終を貫きて、気の妄動なし。例えば、舟の流れに従いて下るが如し。動くといえども、舟静かにして、動の跡なし。これを『動而無動《どうじむどう》』動きて、動き無しという」

（佚斎樗山『天狗芸術論』）

●なぜ人が吹っ飛ぶのか？

中国武術の秘伝打法、

「発勁打人法」

について、お話を致します。私は、発勁について三十年余りも研究して参った者ですが、今回
「これぞ発勁の本質であるッ」

という決定的なお話をします。

中国武術に限らず、日本武術におきましても、武術の名人達人の中に、

“ チョッと打っただけで吹っ飛ぶ ”
発勁の本質とは？

見た目には軽く打っているように見えても打たれた相手は予想以上に大きく飛ばされてしまう、発勁。“ 何か魔法のような打撃が？ ”とも思ってしまう所だが、現実的にはもう少しわかりやすい。逆から考えてみると、明らかなのは人が吹っ飛ばされるだけの運動エネルギーが生じている、という事。それだけのエネルギーを生ぜしめているのは速度。すなわち「肉眼では察知できないほどの異常な高速打法」こそが発勁の本質なのだ。

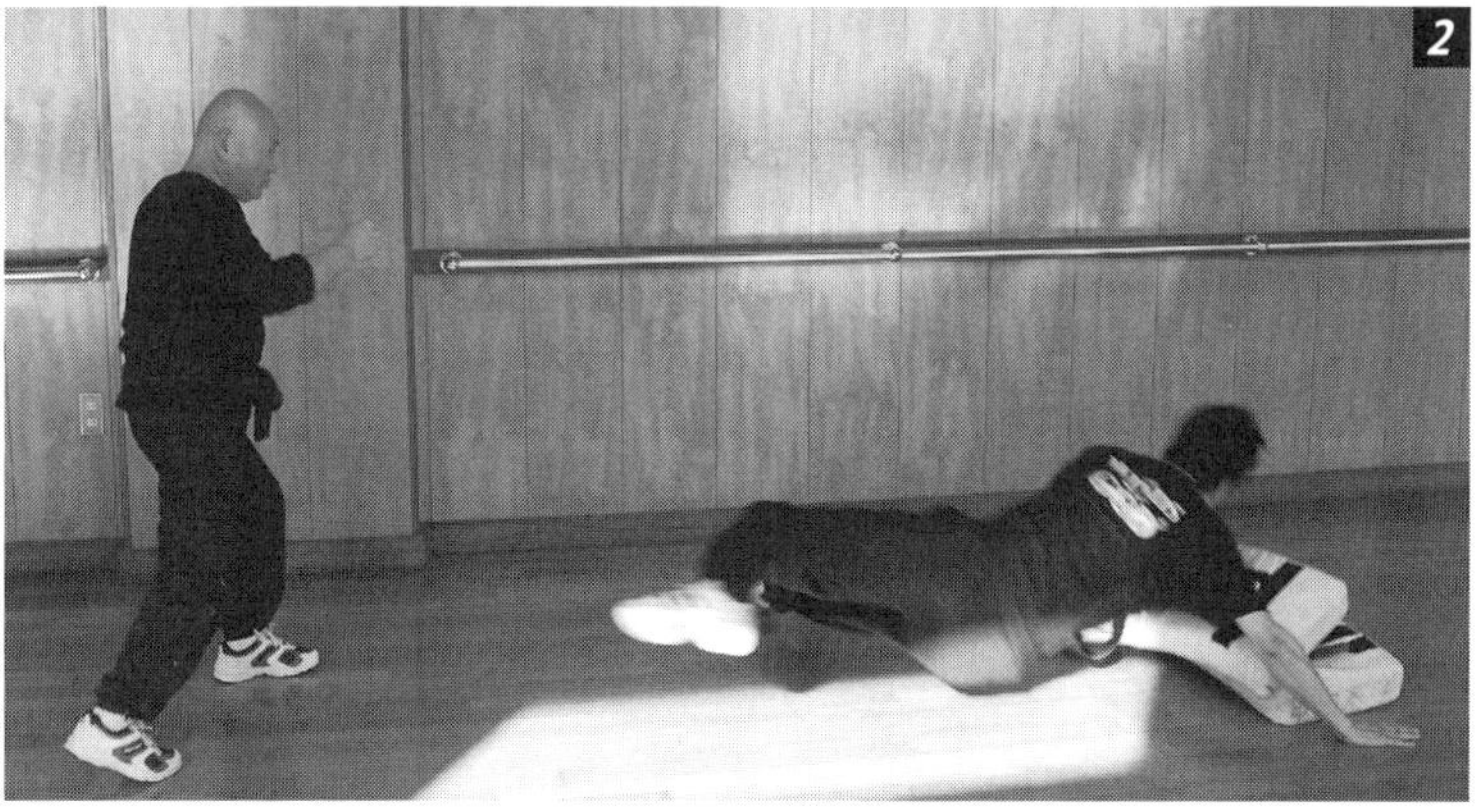

「名人がチョッと打っただけで、その人は倒れてしまった」

「名人がチョッと触れただけで、その人は数メートルも吹っ飛ばされてしまった」

というお話が残されています。そこで皆様、

「なぜ、横で見ていて、チョッと手が触れただけで、大の大人がそんなにブッ飛ばされてしまうのか」

という、その理由とは、何でしょう。

「なぜ、そんな事が実際に起きるか」

この可能性を突き詰めて行けば、答は一つ、

「その人は、名人に、異常な高速度で打たれたからだッ」

これ以外に、答はない。これが唯一信頼できる、発勁の本質論なのです。則ち、発勁とは高速打法の別名であり、

「その人は、傍観者の肉眼には察知できない、異常な高速で一瞬打たれた」

これが、そこで起きた物事の本質だったと私は思います。

「打撃エネルギーは、物体の重さと、速さの二乗に比例する」

という物理法則の範囲内のお話で、少しの不思議もありません。むしろ不思議なのは、その危険極まりない高速の打法が、傍観者の目には、

「チョッと打っただけ」

「チョッと触れただけ」

に見えてしまう所なのです。そこで皆様は、この辺りの謎を理解するために、このような喩えをお考

質量・速度と運動エネルギーの関係

物体の運動エネルギーＥの算出式は、
Ｅ (J) ＝1/2×質量 (kg) ×速度 $(m/s)^2$
これを用いてさまざまな運動物体のエネルギーを求めると、
例えば、野球のボールの重さは約150グラム (0.15kg)。時速100キロ (28m/s) なら、その運動エネルギーは1/2×0.15 (kg) ×28 $(m/s)^2$ ＝58.8 (J)。同様に３グラム (0.003kg) 程度ながらマッハ１ (333m/s) で飛ぶ弾丸の運動エネルギーを算出すると、1/2×0.003 (kg) ×333 $(m/s)^2$ ＝166.33 (J) とケタが違ってくる。ちなみにマッハ２なら665.33 (J) と膨れ上がる。

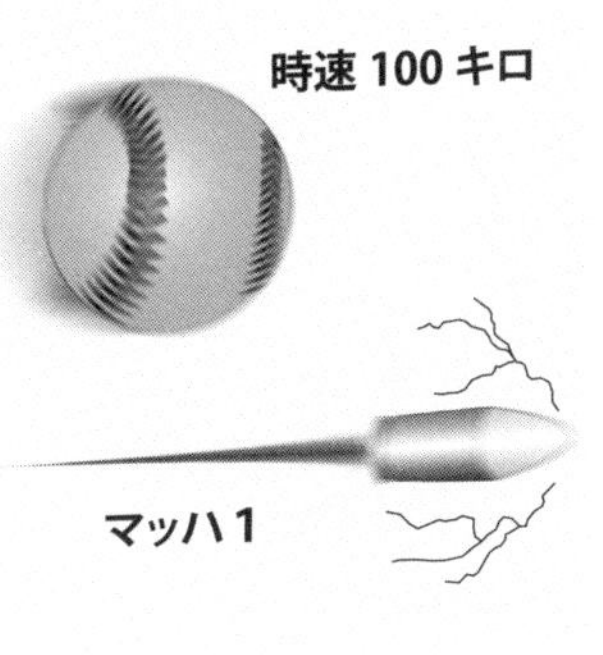

え下さい。

　ここに拳銃の弾頭が一つあるとします。その重さと大きさは、パチンコ玉の約半分で、

「約３・５グラムである」

　たった３・５グラムの鉛玉が、人体に深ぁ〜いダメージを与える条件はただ一つ。

「その物体が、マッハ１以上の速度で飛んでいる時だけだッ」

　これ、発勁の本質論ですからよろしく。

　マッハ１は、時速１２００キロメートルですから、秒速にして約３３３メートル。

　これは、映画のジェームス・ボンドの愛用している拳銃、ワルサーＰＰＫの32口径の弾丸が、これと似た速度だそうです。すなわち、弾速がマッハ１。

　同じく映画のダーティ・ハリーの使ったスミス・アンド・ウェッソンの44口径のマグナム弾の場合は大体、マッハ２。これ、撃たれると即死するそうです。また映画でジョン・ランボーが乱射していた50口径機銃弾。これは本来、戦闘機を撃墜するのが目的で発明された兵器ですから威力も桁外れで、秒速約1150メートルで大体、マッハ3。これで撃たれると体が二つになるそうです。

　さて、このように銃弾というものは、わずか3グラムや4グラムの軽さ小ささであっても、それがマッハ1で飛ぶ時は、そこに恐るべき殺傷力が生じるという事なのでございます。そこで、

●マッハで動くためには？

「発勁打人法」

　これのどこでマッハ1、すなわち

「秒速約333メートルの移動が行われているのか」

という事なのです。気の短い人は、「マッハ1の打撃なんて嘘をつけッ。じゃあ名人は、一打するたんびに333メートルも移動しているのかよッ」

という事になるのですが、事実はそうではない。だって、名人その場所におられますもんね。動いた形跡はない。

　このあたりの謎解きが、ただいまからお話しする、

「動《どう》而《じ》無《む》動《どう》」

則ち、動いて、しかも動き無しという武術の秘術のお話に繋がってきます。これ、どういうお話かと申しますと、身もフタもない結論から先に申しますと、ただの微分なんでございますのよ。

　つまり、刺身についている大根のケンのごとくに、思考力という包丁で、

「細か～く切って考えて頂くッ」

つまり、マッハ1を、

「細か〜く切って考えて頂くッ」

人間、どんなに鍛えた人でも、マッハ1で1秒間、333メートルも動く事なんてできはしません。

しかし、皆様。これを微分して、1秒間に333メートルではなく、

「0・1秒で、33メートル」

「0・01秒で、3・3メートル」

「0・001秒で、33センチ」

「0・0001秒で、33ミリ」

このように考えて頂きますと、マッハ1の運動能力とは、

「千分の1秒で33センチ動く能力だなッ」

「一万分の1秒で33ミリ動く能力かッ」

という事になりまして、

「体の一部分を33ミリ動かせばいいだけなら、一万分の一秒でもひょっとすると何とかなるかもしれないぞッ」

という事にも、なってくる訳です。

「そんなの無理だッ」

と決めつける人は、勝負における一秒間の長さを不幸にも知らない人。ここではそんな人のために、
あえて、

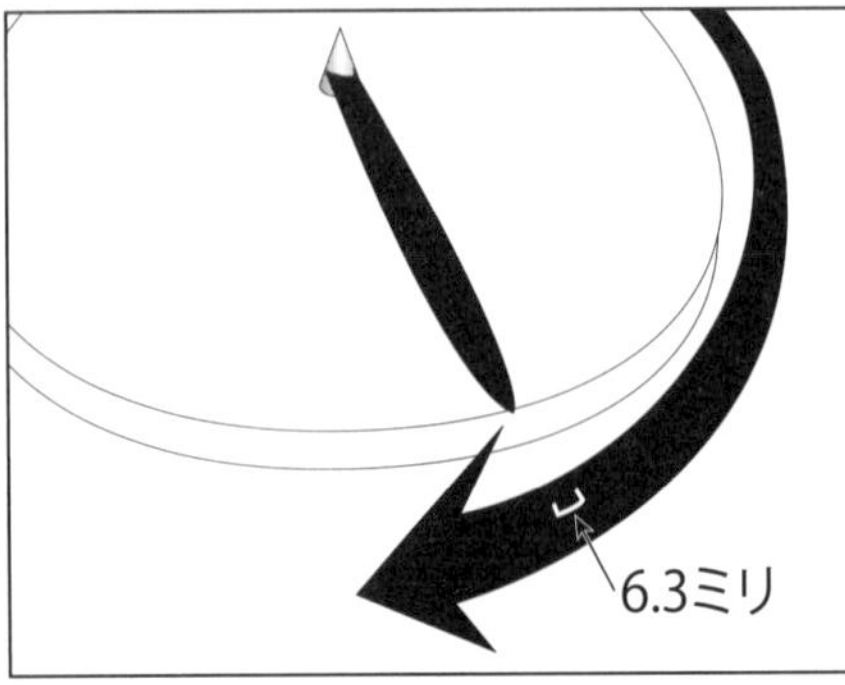

直径２メートルで針が１秒間に１回転する時計を仮定すると、千分の一秒は6.3ミリ。この間に長さ33センチの針を投げ通すのがなんと“マッハ１”相当。意外に簡単？

「一秒とはこ〜〜〜〜んなに長いッ」

というお話を致します。それは以前にも申しました、

「直径2メートルの一秒計」

この針の動きのお話です。直径2メートルの一秒計の時計には、半径1メートルの針がついています。この針が、一秒間に一回、グルッと回れば一秒です。これ、反論の余地はございません。そこで一秒、回してみます。一秒は、

「チッ、チッ、チッ、ピーッ」

とこれで一秒でございます。

「一秒、長いなーッ」

という具合に感じて頂けたと存じます。逆に一秒を、

「あッ、という間じゃねえかッ」

という人は、本当の事を知るために熱湯を入れたばかりの、触れるのでさえ体が拒絶するような熱うい湯飲みを、根性で一秒間、持ってごらんなさい。

「一秒、すっごく長いじゃないかッ」

という事実が、軽〜〜いヤケドとともにおわかり頂けます。半径1メートルの一秒計の円周は、約6・28メートルですから、

千分の一秒で針は約6・3ミリ進みます。この6・3ミリの進む間に、33センチ手足を動かす。

「できないッ。足、遅いもんッ」

という人は、例えば、

「針が6・3ミリ進む間に、その間隙に長さ33センチの金属針を投げ通すッ」

と、これでも良いのです。肝腎な事は、
ではなく、

「定規で測定して、きっちり33センチ動けるか否か」

「千分の一秒で、33センチの波動を作れるか否か」

なのです。時間というのは不思議な物で、相対的なモノだそうです。その証拠に、人類の牝といわれればその通りだが、とても女性の中には入れたくない物凄い女といる時間は、

「長いなあッ。早く帰ってくれッ」

逆に、絶世の美女といる時は、

「えッ、もう帰ッちゃうのッ」

とっても短く感じます。加えてこの世の中には、「数字の魔法」というモノが存在し、マッハ1を、

「一時間に1200キロメートル動く能力だッ」

と考えますと、

「そんな事、できるはずないだろッ」

となるのですが、これは数字の嘘であり、はっきり申し上げて、

「一体どこの誰が一撃に一時間もかかるのだッ」

時給で殴る訳じゃなし発勁に関して、

「時給で考えるのはおよしなさいッ」

皆様、必ず一瞬でお考え下さいね。その時、

「千分の一秒、すなわち一秒計の針が6ミリ動く時、その針を追い越して33センチ手を動かせば良いッ」

あるいはまた、

「一万分の一秒、則ち一秒計の針が、0・6ミリ動く時、手が33ミリ動けば発勁になるのだなッ」

となりまして、修行者は、

「ひょっとするとこれなら何とかなりそうだッ」

となる訳です。この辺り、マッハ1に零コンマを付けて考えますと、さらによくお分かり頂けます。

例えば、時速600キロで飛ぶ旧陸軍の三式戦闘機飛燕《ひえん》は、マッハ0・5。

私が持っているエア・ガンのBB弾の時速が初速毎秒70メートルだから、マッハ0・2。

マッハ0・2のBB弾の弾速なんて、自慢じゃないが三千円のオモチャですから、蝿の飛ぶのに似て
横で見ると、

「物凄ぉ～～～～く遅いッ」

故に、マッハが付いたからとて、別に大騒ぎして頭から、

「不可能だッ」

と決めつける必要はございません。私は思うのですが、一瞬の可能性。

最速の運動システム
“錐体外路神経系”の発動

人間は予想外に転びそうになった瞬間、意志に先立って体を支えようとする運動が生じる。これは“錐体外路神経系”の発動によるもので、生理学上、最速の運動をもたらすシステムなのだ。さらに特筆すべきはこの運動がこの上なく“正確”である事。当てずっぽうではなく生み出される最善の動きは意識下でこそ生まれる。

「超短時間なら人間の手足はマッハ1を作る能力があるのではないか」

という所で最後に、

「ではどうやって、マッハ1だけで体を動かすのか、その具体的な方法」

このお話を致します。身もフタもなく例によって結論から先に申し上げると「そこは、錐体外路神経系を二、三度加速する事によってかろうじてようやく手に入る」

逆に申しますと、

「錐体外路神経系を用いず、手足を本人の意志で動かしているうちは恐らく入手不可能であろう」

という事なのです。この辺り、更に申しますと、

「錐体路系とは、本人の意志通りに体を動かす神経系」を言い、

「錐体外路系とは、危急の時、本人の意志に先立って、本人の意志とは関係なく、無意識の中に、動作を停止させる目的で発動する神経系統の事」

を言います。具体的に申せば、何かに滑って転びそう

錐体外路系発動練習（他者誘発型）1

横から〝突然〟な形で押された時、漫然とした意識先行で対応しようとすればするほど押されきってしまうが、〝錐体外路系〟が上手く発動されれば瞬間的に耐える事ができる。他者からの加力への無意識反応こそが第一歩。「耐える」と記したが、実質的にはこれは触れてこられた部位（上腕、胸部）への〝発勁〟動作なのだ。

錐体外路系発動練習（他者誘発型）２

少し膝を曲げた状態の相手の肩を上から抑える。そこから相手は立ち上がろうとするが、まともに対抗しようとしたら片腕対両足の力比べになってしまい勝ち目なし。相手が立とうとした時の瞬間的な〝錐体外路系発動〟があれば、相手が思わず尻餅をついてしまうほどの対抗力が生じる。

になった時、無意識に本人の意志に先立って、

「あッ」

と手を付き体を支える動作の神経系であり、この時、その動作は本人でさえ、

「手足をどう動かすか」

まるで予知してはおりません。この、

「本人の意志に先立って、しかも正確無比に体を動かす神経系が、人間の遺伝子にインプットされているッ」

これに気付き、応用したものが実は中国武術の最高秘伝、発勁なのです。

さて、錐体外路神経系の驚くべき

錐体外路系発動練習（他者誘発型）3

足を前後に開き全身をまとめつつ手を前方へ差し出したいわゆる〝三体式〟の体勢は、バランスは良いながらどうしても前後方向に偏った強度をもつ。それを３６０度方向化させるのが〝錐体外路神経系〟。水平に伸ばした相手の手の上に手をついて下方へ体重をかけてもビクともしない事に注目！

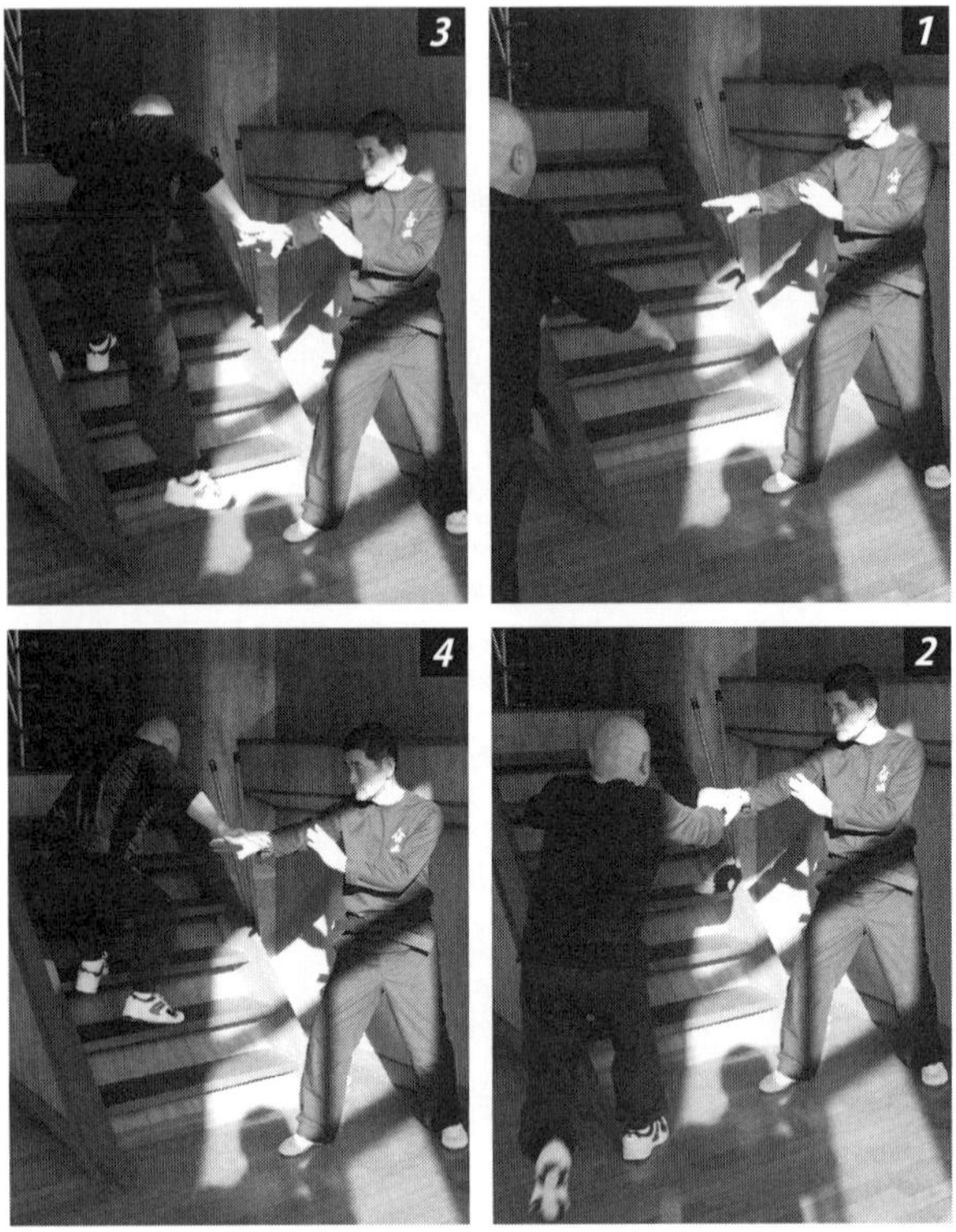

「その完全無欠性について」

少々お話を致します。例えば野球選手や射撃の射手が、的の一点に全投球や全弾を集弾させる事はまず不可能ですが、錐体外路が創り出す動作は、

「完全無欠故に、常に同一だッ」

これは、同条件で、同一人物に、同一方向から振動を与えた場合、

「その手の付く位置、足の踏むべき所が、1ミリも狂いなく、百回やっても幸いに同じ場所だッ」

という私の実験結果によります。則ち

「最高の座標の一点を選ぶ能力が、錐体外路にはあるッ」

という事であり、これを言い換えれば、

「錐体外路は、神技に近い正確さで、人間の停止動作を完全無欠に創るッ」

という事なのです。皆様、これを応用しない手はございませんぞ〜〜〜ッ。

「無欠の手幅、足幅を作る能力」

「常に常に、本人の意志に先立って動く、その機能の不思議な特性」

錐体外路系発動練習（自己発動型）1

ここからは自分の意志で〝錐体外路神経系〟を発動させる方法。自分の腿の辺りを裏から前方へ鋭く叩き出す事によってそれを補完しようとする〝錐体外路神経系〟反応を起こさせる。実はこの補完しようとする作用こそが完璧な安定を瞬間的に創り出し、その足を持ち上げて崩そうとしてもビクともしなくなる。なお、この〝安定〟は自分で叩き出した瞬間にだけ起こるものではなく、ある程度持続する。

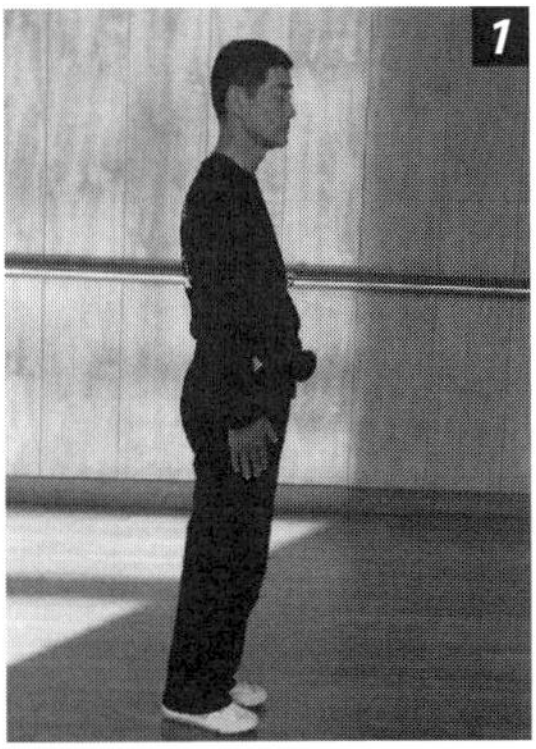

錐体外路系発動練習（自己発動型）２

差し出した短棒を、至近距離から叩き落としに来られる。それに対する反応性を問う練習。これだけ近いので普通にやればまず右列写真のように当て落とされてしまうが、ここで“錐体外路神経系”の出番。左列写真１コマ目で行っているのは右前腕内側を左手の指先で小さく鋭く突く、という事。目的は前ページの例１と同じで、この鋭い瞬間刺激によって“錐体外路神経系”を発動させている。これによって頭で「避けよう」と判断する以前に手が回避反応するのだ。ただしその動きは必要最低限で小さいし速いしで傍目にはほとんど動いていないように見える。ここに“動いていないようで動いている”＝「動而無動」がある。

剣の疑似立合い。フルスピードで斬り掛かって行っても〝あれっ？〟と思う間もないほどに喉元に突きつけられてしまっている。斬り掛かった側からすれば、その動きはまるで見えない、というよりは、まるで動いていないように見える。

ど～～～ですッ。こんなおいしい話、まずございませんよ～～～ですッ。この辺りの前人未踏、予想外の力の出し方の一例を。写真を参考にお試し下さいませ。最後に重要な事を一つ。

「錐体外路系は、錐体外路系だッ」

「吸いたいが色気い？」

と当て字では絶対書かないように。

錐体外路系の作動方法は二つあり、

1　内勁の内部波動による出現法

2　掌打で空気を打つ外部波動による出現法

この二つがあり、それらについては、次項で説明致します。■

内勁〝ギア・システム〟の発動

ここに二つのサンスクリットの言葉があります。
一つは、向かって回転する、という意味の『プラヴリッティ』
もう一つは、回転しつつ遠のく、という意味の『ニヴリッティ』
です。

（スワミ・ヴィヴェーカーナンダ『カルマ・ヨーガ』）

●〝急停止〟が武器になる!?

さて、発勁のお話の続きです。前項で「発勁とは、手足を一瞬、超短時間でよいから、マッハ1の速度で動かす能力の事であるッ」

という事を申しました。そこで、

「ではどうやって千分の一秒や一万分の一秒の瞬間芸とはいえ、マッハ1の高速で体を動かすのか？」

その具体的な方法論についてさらなるお話を致します。身もフタもない結論から先に申しますと、そ

れは、

「人間に内在された潜在能力、錐体外路神経系を、人為的な振動を加えて二、三度加速する事によって、わずかに手に入れる事ができる」

という事なのです。逆に申しますと、

「錐体外路神経系の出現方法についてまったくの無知で、ただひたすら手足を本人の意志で加速している間は、超々高速の打人法は、まず会得できない」という事なのです。この辺り、今一度申しておきます。まず二つの神経系、錐体路系と錐体外路系の違いについて深ぁ〜くご理解いただきます。解剖学の本を拝見しますと、

「錐体路系とは、体の骨格筋を本人の意志の通りに動かす神経系であるッ」という事で、この神経系があるゆえに、私たちは良い事や悪い事や、やらなくてもよい事まで、本人の意志通りにやってしまう訳ですが、武術的に大切な事をあえて申せばこれ、

「この神経系は、人体を動かすためのモノであるッ」

という事なんですねッ。逆に、

「錐体外路系とは、骨格筋の不随意的運動支配、および静止性支配をいとなむもので、この神経系によって、初めて共同筋と対抗筋との調和が保たれ、共働作用がいとなまれるばかりでなく、筋は絶えず、一定の緊張を保っていられるのであるッ」

という事で、この神経系の働きとは、いつも同じ喩えですみませんが、バナナの皮を知らずに踏んで、ツルッと滑って転びそうになった時に、本人の意図に先立って、本人の意志より早く、正確無比に手足

を着いて危急の状態を急停止させて本人を守るという、言うなれば、

「この神経系は、人体を動かすためのモノには非ず、逆に人体を急停止させる目的で出現させるモノであるッ」

と言えます。という事で、

「錐体路系は、本人の意志通りに体を動かす神経系」

「錐体外路系は、本人の意志に先立って体を急停止させる、停止の神経系」

という事になります。中国武術の秘伝打人法、発勁の秘密はこの、

「急停止系の神経の応用であるッ」

と言えるその理由は、その性質や特性に、武術的に最もおいしい部分、すなわち、

「本人の意志に先立って早くも作動するスイッチが入るッ」

という、まさにここにつきるのです。ここまで真剣にお読みになった読者の方々は、ここで当然生じるであろう疑問や不満があろうと存じます。それは、

「錐体外路系が、人体の急停止系の神経系である事実」

ここからくる錯覚で、具体的には、

「そんなら発勁打人法は、ただの寸止め打法かいッ」

「思い切り殴らなイカん時に手足を急停止させてどうするのやッ」

となるのですが、いろいろとご不満はございましょうが、さらなる奥を、物理的にお考え下さい。すなわち、

「高速で移動中の物体が、何の前触れもなく、いきなり急停止すれば一体中身はどうなるのか？」

"急停止"が威力を生む？

高速走行していたレーシング・カーが急停止すれば、その瞬間、中のドライバーに対し、フロント・ガラスを破って前方へ飛び出させるような力が働く。停止が急激であるほどその作用は大きく、前方力はあくまで"慣性"によって生み出されている。力や動きを生むのは"アクセル"ばかりとは限らない。なお、ドライバーがシート・ベルトを締めていれば飛び出さないように、人体上、"固着"があれば、動きは生まれない。

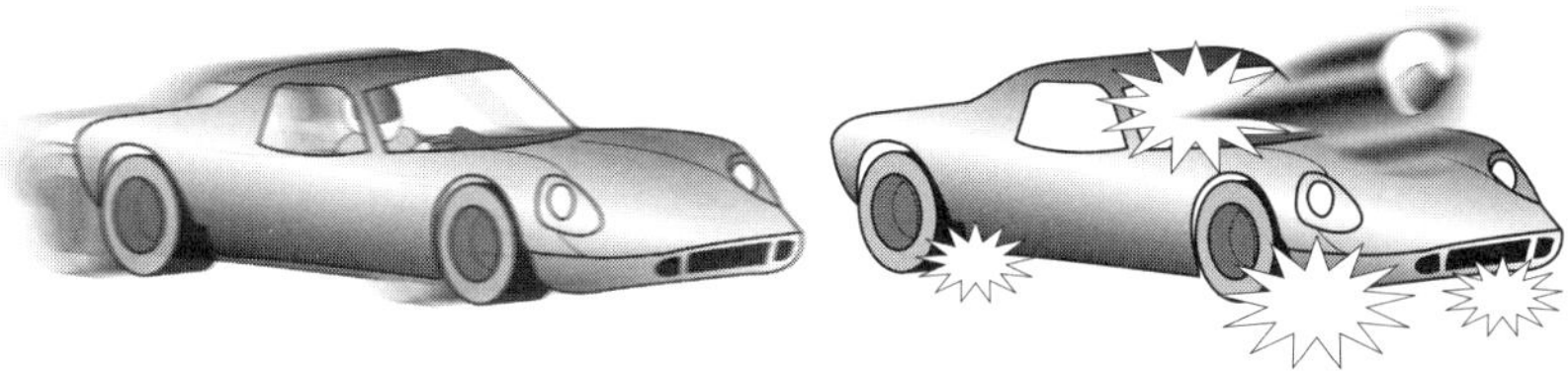

例えば、レーシング・カーが高速運転中に、レーサーが急停止の操作をすれば、レーサーの頭はフロントガラスに激突。下手をすると、

「フロントガラスを突き破って、体が外に飛び出してしまうッ」

これ、現実に起こり得る事ですよね。すなわち、何が言いたいかといえば、

「高速で移動中の飛行物体を急速に停止させた場合、ただの停止には絶〜対にならず、必ず中身が前に飛び出すッ」

という事なのです。これは

「慣性の法則によるッ」

と言って良いでしょう。発勁打人法を慣性の法則に従って行う時、

「技法に急停止の技術が加わっても、何の支障もないッ」

という事実がお分かりいただけたでしょうか。すなわち、胴体を急激に停止させればさせるほど、手足は前に飛び出すのであり、

「術者の密度と重みは、前のめりに手足とともに前に出るッ」

という事実です。ここに発勁打人法の本質の一面があります。ではさらに

「その具体的な人体の急停止法」

について、お話を致します。言い換えれば、

「一瞬、マッハ1の速度を得るための、人体の急停止法の研究」

という事でございまして、錐体外路系の出現を、無理矢理に誘発させて、人体を、

「加速して、加速して、加速しまくるんですッ」

という、実に強引な力技の研究が古来一部の中国拳法家の手によって行われてきた訳であり、これを称して
「内勁」

と申します。中国武術では、

「内不動、外不発」

という口訣をもってこれを表現しますが、逆もまた真なりでございまして、

「外不動、内不発」

とも言える。

「内勁がないと、外勁は不発だ」

という口訣の裏には、

「外勁がないと、内勁も不発だ」

という裏の教えを含みます。つまり、
本当に必要であるのは、

「内外相済《そうさい》」

という口訣であり、理想的には、

「内勁をもって、外勁を加速し、外勁の加速をもって、内勁をさらに加速するッ」

という事なのです。

●平泳ぎよりもクロールが速いッ！

「内勁と外勁、いずれが先か、はっきり言いなさいッ」

と言われるかもしれませんが、そのご質問は、短距離走において
「右足と左足、どちらを優先させるかはっきりと述べなさいッ」

というのに似ています。すなわち、

「どちらが先でもないッ」

これが事実でございまして、皆様は
「短距離走においては、本人の右足と左足を競走させて、互いに先を競わせるように、発勁打人法においても、内勁と外勁を互いに競わせて技と為すのであるッ」

とお考え下さい。さて、そこでまず
「内勁とは何か」

これを一言で言えば、

「足の延長上に存在する、腰内のギアの回転運動であるッ」

と言える。足は二本ですから、

内勁の二つのギア

体全体の“急加速”“急停止”を生じさせる上で大きな役割を担うのが左右の股関節。たとえ距離（回転角度）は小さくともトルクの大きい動きを生み出せるのが股関節なのだ。内旋（図の白矢印）と外旋（黒矢印）のトルクが内勁の原動力であり、“移動距離”は小さくとも“全身規模”の急加速・急停止を生む。右が内旋なら左も内旋〜すなわち左右同時に閉じたり、開いたりというのがやりやすい動きなのだが、そうでない所に注意。“別個に動かす連動性”こそがここで求められている稼働だ。

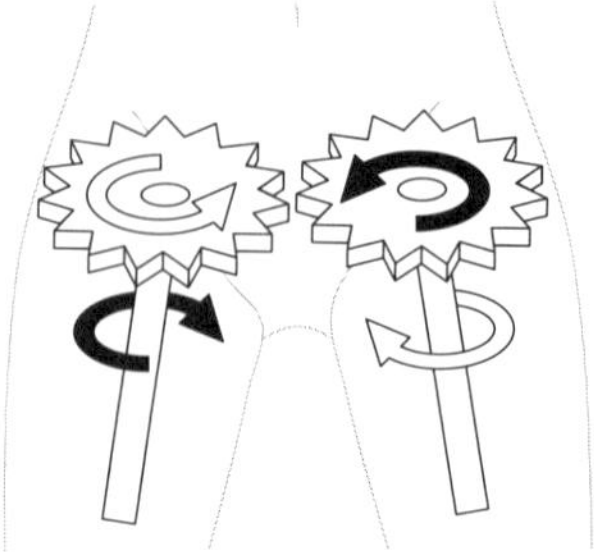

「腰内のギアも、右と左の二つだッ」

と言えまして、上図に示します。

ここで大切な事を申します。それは、この図に示すようなギア、腰内の歯車は中国武術家が、その幻影的想像能力を駆使して創り上げた、幻影の産物であり、人体を麻酔なしで解剖しても、

「それは、絶〜対に出て来んッ」

という事なのです。これは、

「丹田」

も同じ。解剖学的に存在しない。

「でも私、ここにグリグリの丸いしこりがあるんだもんッ」

という人は、それが悪性でない事を祈るッ！

という訳で、本当は存在しない内勁ですが、中国武術家は、これをさも有るかのごとく使って、部外者には絶〜対に再現不可能な、

「異常に速い腰の切れ味」

こいつを創り出す能力を持つに至る。これが中国武術の秘伝、

「内勁」

の正体です。内勁の二つの歯車は、「内回り」「外回り」この二つがあり、「内旋」「外旋」と申します。陳家太極拳新架式の

六十四の動作は、数は六十四でも、実際はこの二つの組み合わせであり修行者は
「何だ、たった二つじゃないかッ」

という事実に、やがて気が付きます。

「太極拳には数多くの動作があるッ」

といって数える人は、まったくの素人と言って良いでしょう。ついでに申しますと、太極拳の教師の多くは、

「懶札衣《らんざつい》」における内勁“ギア”の稼働

写真は太極拳の基本動作「懶札衣」。実際の動きは、細かく鋭くうねるような非常に独特な質感なのだが、その理由は股関節の“ギア”に着目するとよくわかる。各プロセスの都度“ギア”を別個に稼働させ、内勁による鋭い加速を併用しながら行われている。右手と右足、左手と左足とをシンクロさせるのが内勁の基本。ただし平泳ぎのように左右対称のシンクロでなくクロールのように片半身ずつ使う。足と手を競争させるように。動作は大きくてよいが時間を最短に。

―〝当たってから〟が違う！ 内勁稼働の打撃―

腰のみを捻る打撃

左側の人物の手の位置（写真アミがけ部）をインパクト・ラインと設定しての打撃比較。これは腰だけを捻るおよそ一般的な打撃。

内勁稼働の打撃

股関節〝ギア〟のトルクを用いる内勁稼働の打撃では、インパクト後（写真3コマ目以降）の距離的伸びや、それによって生じる力積の質がかなり違ってくる。打撃が効くか効かないかは「〝当たってから〟どれだけエゲツないエネルギーを送り込めるか」で決まる。

「ハイ、この手をもう少し上に」

とか言って、生徒の型の姿勢を自分の好みに合わせて、簡単に変えて下さいますが、もし私の型の姿勢にそれをなさる教師がいれば、私は、

「私の手足の位置を勝手に変えるんじゃねえぞッ、この大馬鹿野郎ッ」

　と申します。錐体外路系を誘発させて作った動作や姿勢は、正確無比であり神妙の無欠の座標の一点を常に占めます。ゆえに、変えてはならない。本当は、

「他人が力で変える事も不可能だッ」

　場の力が働いて、指一本でも外力で動かす事はまずできません。これは、本人が力むに非ず。自ずと、そうなる。これを中国武術で、

「不用剛、自而剛」

　剛を用いずして、自ら剛なり、と申します。さて、内勁の二つの歯車は、

「内回りと外回りの二法がある」

　と申しました。これは初心者は、

「二つ揃って仲良く内回り」

「二つ揃って仲良く外回り」

　というように互いに逆回りさせてその力を拮抗させる用法は用いません。

　次に、内勁の二つの歯車の回し方ですが、ここに大切な秘事があり、それは、

「左右、均等に回してはならないッ」

　言い換えればですね、

「片方は必ず休ませ、片方を全力で回転させろッ」

　という事なんです。分からない人に内勁の技法を水泳競技で例えれば、

内勁の原型は"バランス"

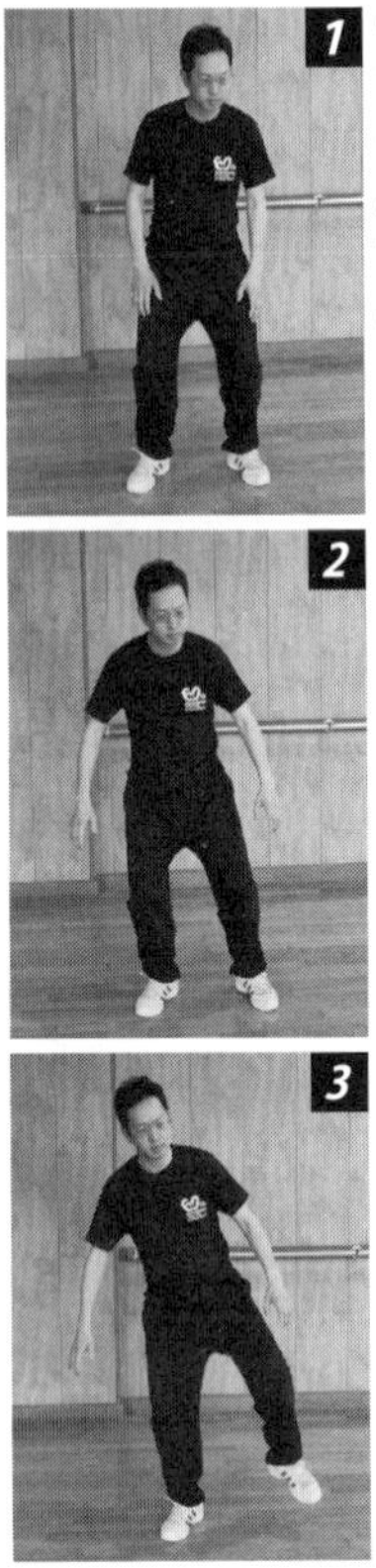

股関節の自由性は"バランス"すなわち正中線の会得によって実現する。それなくば、この写真のように、片足を上げるにもまずは反対側へ全体重を移し、「よっこいしょ」という感じになる。

正中線はいわば"三本目の足"。接地足側へ全体重を移さずとも足が上がるので、片側半身だけでの瞬間的な動きが可能になる。"三本目の足"とは、誰にでもあるがそれでも右の写真列のようになってしまうのは「気付かないでいる」だけなのだ。

足を上げた状態からの蹴り込みを瞬時にかわす。こんな"見えない"レベルの動きも"バランス"ありき。

「平泳ぎはあかんッ」
「クロールで泳げッ」

という事で、内勁もクロールのごとく、片方を全力で回し、もう片方は極力休ませて用いないで、速さを学びます。そのようなやり方で、内旋、外旋の内勁を会得し、その腰の切れによって手足の動きを誘発し、その速さが生む振動が、自ずと手足や胸に伝達されて、自ずと錐体外路系が作動して、急激に動かしたはずの内勁が、一瞬、不意に、

「自ずと逆回転して、急停止するッ」

こうなったら内勁の入口をその人は会得した事になる。

●外勁と内勁の相互加速

そこで次に少し「外勁」についてお話ししましょう。外勁とは何か？

「手足を周りの空気に当てて、体を急激旋回させる技法だ」

と言っておきましょう。

「何の事やら分からんぞッ」

という人のために申しますと、瞬間的にマッハ1で動く者にとって、周りの空気は、気体に非ず。

「その感触は、固体の水に近いっ」

という事なのです。これ、空気は水の六百分の一の重さゆえ、当然なのです。例えば、水面を掌で激しく一打すれば、

「その感触は固体の木だッ」

ゆえに、外勁の会得者は、

「周囲の空気を木の壁として利用し、手足をついた反動で逆方向に動くッ」

すなわち、水泳競技で言えば、キック・ターンの技法で、体を急旋回できる。逆に

「空気を掌で早く叩くと、木になる」

という事をな〜〜〜んにも知らない人の体さばきは、水中における自力の旋回に似て、非常〜〜〜に遅いのです。

〝空気を叩いて〟内勁を回す？　外勁を用いた加速用法！

たとえ瞬間的にでも、恐ろしいほどのスピードで動けば、その反動も恐ろしいほどのものとなる。写真は、逆手（左手）で〝空気を叩く〟事によって生ずる超反動を外勁として内勁加速に利用する用法。〝急発進〟〝急停止〟は必ず瞬間的に起こるものだが、その瞬間的時間帯をさらにさらに短く。そしてそこへさらに複雑なメカニズムを、その瞬間的時間スケールのまま導入すると、ますます見えなく、威力は強大になっていく。発勁の正体はそれだ。

「内勁と外勁」

ほんの少しでも、お分かりいただけたでしょうか。すなわち、発勁打人法とは、

「空気を手足で叩いた反動で、内勁を回し、さらにその反動で人体を叩くッ」

という事であり、錐体外路系はその、

「外回りから内回りへの急転換」

あるいは、この逆の技法によって必ず、誘発されて出現する。秘伝発勁打法はその応用です。最後に一言。

「水中で前を掌で打てば、体は必ず後ろに返るッ。ゆえにプールの壁を叩けないッ。術者はこれを銘記し、前を叩く時は、必ず意で後ろを叩くべしッ」

■

第2章

誰が相手でも上げる法

合気上げの真相

腕力によらず上げる法

今、戦闘射撃はヘッド・ショットの時代だ。
胸や腹では倒れない奴でも、頭を撃てば一発で死ぬ。

「戦闘射撃」

●侮る無かれ、相手の力

「合気上げ」についてお話しします。今、多くの武道家が合気上げについて、並々ならぬ関心を寄せています。私の所へも、

「他の技には一切関心がありません。とにかく本当の合気上げだけが知りたいのですッ」

と言ってこられた、実戦空手の指導員がおられたが、なぜ合気上げは彼らをして血眼にさせるだけの魅力を持っているのか。それは木村達雄先生の『透明な力』に出てくる、名人佐川先生の合気。

「力なんて関係ないッ。私は相手がどんなに力で頑張っても簡単に上げる極意を会得したッ」

「武術の極意は合気。入り口は合気上げにあるのだッ」

無住心会で行われている〝合気上げ〟はこんな感じ。片腕に複数人。それくらいを上げられてこそ、〝合気上げ〟は武術的に意義がある。

ここに端を発していると思えます。

言い換えますと、これは、

「合気上げさえ会得できれば、武術家は、力対力の戦いを超越できるッ」

という事であり、それは更に、

「合気上げの秘伝の会得者は、実戦空手の勝負においても、力対力を超越した超絶技巧をもって、強い敵を一方的に打ち負かす事ができるッ」

という事を暗示したものでもある。

ゆえに、この本の愛読者たちの多くは、

「古流武術なんて、興味ないッ」

という他流の人々までが、

「今、時代は合気上げの、合気だッ」

という事になり、誰もが、

「合気の秘伝」

「その入り口である合気上げ」

これについて、その知的探求心を否応なくそそられているのです。もちろん、私もその中の一人であり、名人に、

「武術は力ではないッ」

「この武術は、力とは別の超絶技巧なるがゆえに強いのだッ」

な〜〜んて美味しい事を言われて口説かれたら、婚期を逃した女性同様、誠に、簡単に参ってしまう。早い話、

「貴方にあげて良かった、合気上げ」

という事になり、テンプラみたいに、

「ついでにコロモもできましたッ」

という事態にも至る訳です。則ち、

「合気や合気上げには、武術家の夢を叶える魅力が満ち満ちているッ」

という事で、本稿では、他流ながら、

「合気上げを、二十歳の頃から実に三十五年以上も研究し続けてきたッ」

という私が、名人の大先生の御教えとは恐らく異なる、術理と技法で、合気上げの核心について、お話をします。他流の私が生技法を扱うゆえ、大東流の皆様にはさぞや御不快ではございましょうが、どうか御立腹なさらずに、

「こういう技法や考え方もある」

という御理解で、御許しを願っておきます。

●合気上げの修行は、一対一の稽古では、何一つ分からないぞッ！

「合気上げ」

この技法に潜在する特殊性。こいつを知るには、現在行われているような、

「一対一、しかも術者の両手持ち」

このような甘ぁ～～い稽古では、

「何一つ分からんし、分かりようがないッ」

と言い切れます。その理由は、

「足や脚の力を手に伝達すれば、人間一人の力など簡単に上がるからだッ」

私が見る所、指導者たちのほとんどは、

「力ではないですよッ」

と言いながら、その実態は、足や脚の力を用いているのみ。実際には、

「下半身の立ち上がる力を転用しているにすぎないッ」

と言える。それを隠して、さも手の力を抜きながら、脱力した演技をして、相手の腕力に対して、脚力で勝負しているのです。則ち、

「手の力対、足の力」

大抵の場合、足の力の方が強いから、指導者は、相手が一人の場合、どんな持ち方をされても、容易

に上げられる。

「だが、そんなものは合気ではないッ」

嘘だと思う人、自称会得者に五人十人での合気上げを、強請してみたまえ。例外中の例外の達人をのぞき、まずは、

「ピクッとも動けぬ事」

ここに保証いたします。

皆様、もし合気の技が、名人の申されるように、

「力ではない、力を超越した技術」

とするならば、

「五人や十人の力など、簡単に上げてしまえて当然ッ」

こいつが本当のはずですよねッ。それをピクッとも動けずに、

「上がらないッ」

というのは、筋力で上げないフリして
「やっぱり筋力だけで上げていたッ」

という事なのです。

「一対一の合気上げ」

これを例えれば、試割りで瓦一枚を割れる能力のようなもの。一枚を割っても、人には、

「私は瓦割りができるッ」

“合気上げ”は力なのか？

通常は一人対一人で行われる“合気上げ”。では、二人を相手にやってみたら？

三人では？ 「三人では上がらない」というのでは、「オモリが150キロ以上になると上がらない」というのと実質的には同じ事。つまり、力で上げるのではないのだ、などと思い込みつつも、実は力（筋力）で上げていたという事になる。そしてそれならば、“合気上げ”は相手の体重、筋力の条件次第という事になってしまう。それでは武術的には意味がないし、そもそも“合気上げ”は筋トレではない。常識的感覚から、無意識のうちに「複数人相手の合気上げなんてとても無理」と考えてしまっているのだが、そこから間違っているのだ。二人、三人はおろか、五人、十人をも上げてしかるべき！それが“合気上げ”なのだ。

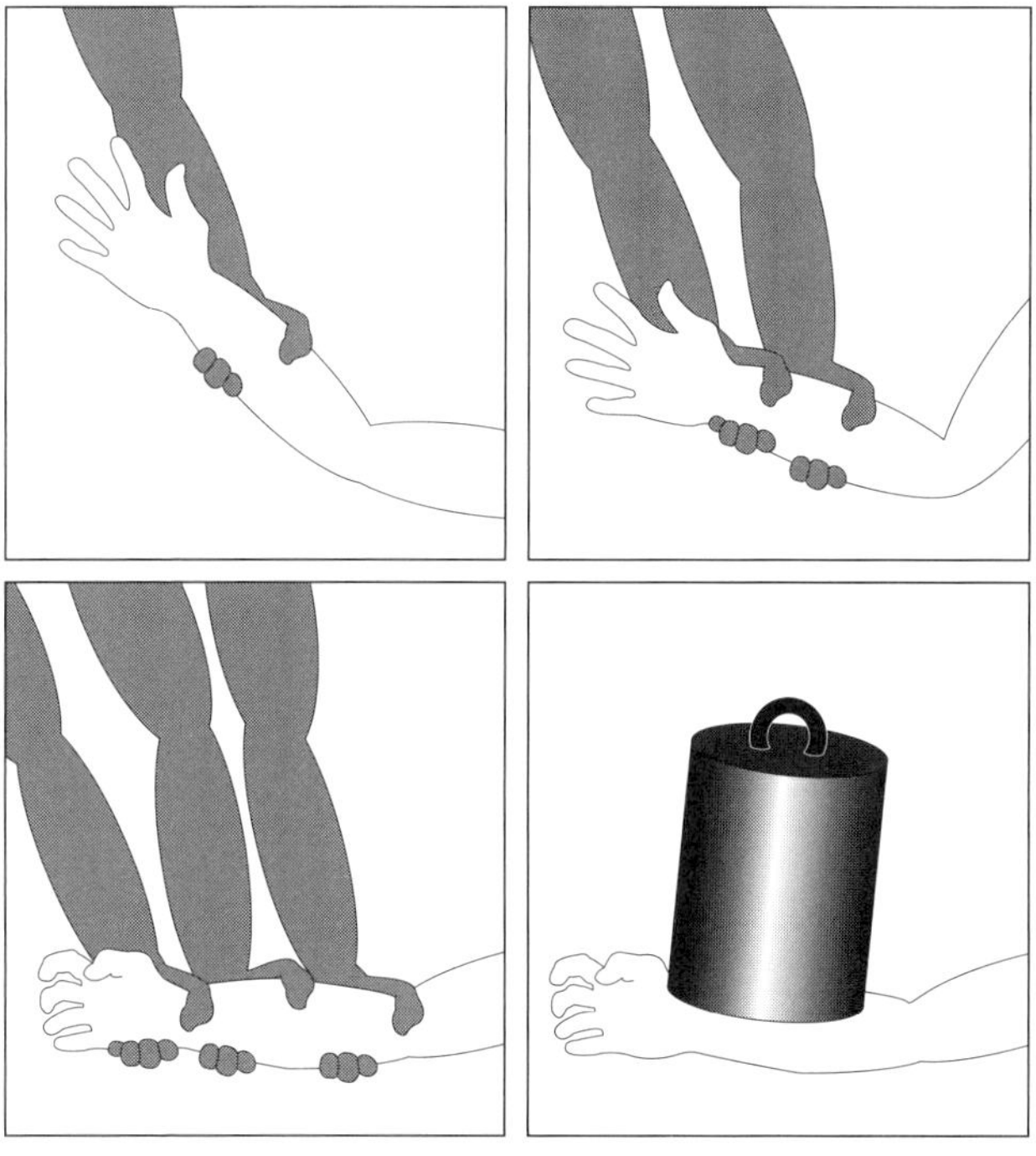

と言えなくもない。しかしこれを自慢する人は、本物の武術家の世界では笑い者ですわ。専門家は皆、三十枚近く割れますものね。合気上げの稽古も同じ事。五人十人が上げられて初めて「私は合気上げが出来るッ」

というのが、正常な神経なのですッ。

●本物の合気上げをやるには、武術的に桁外れの実力が必要だッ

素人に数十枚の瓦が割れないように、片手持ちで、数人を相手の合気上げはまず不可能。術者の片手に一人50キロとして、4人で200キロの重さが掛かるからです。これを片手で上げられる人は、それだけで重量挙げの選手として金メダリストですわ。私、不可能。しかし筋力で垂直に持ち上げるのでなく、筋力に属さない超絶的な技巧を駆使して、

「傍観者の眼には、4人の手が上がったように見えてしまう、合気上げ」

これならば、私はやる事ができます。

「観察者の分析や測定能力と、実際の術者の行為は、まるっきり別物である」

という事で、普通の平凡な分析能力が何一つ役に立たないのが、魔法にも似た合気上げ。皆様「針井保太」になったつもりで聞いて下さい。魔法とは、

「物理法則に従い、これを超える技」

例えば、ロケットが重力の法則に従って上昇し、地球の重力圏を出て無重力の世界に入るようなもの。

物理法則に従いつつ、物理法則の及ばぬ高みへ参入します。

●合気上げなど存在しないッ

まず最初に、結論から申します。

「合気上げの技など、存在しないッ」

これを言い換えると、

「合気垂直上げの技は、存在しない」

という事。これは人間には、

「片手で200キロの荷重を垂直に持ち上げる能力は、まず無いだろうッ」

という事実と重なる。ウルトラマンでないと無理。それゆえ、多くの指導者の
「こうして真上に上げなさいッ」

という教えは、それだけでもう十分、

「全部、嘘だッ」

と言い切れる。それが可能なのは非力者を一人か二人、相手にする時のみ。

「では、何が真実か」

といえば、答は一つ。それは、

「合気下げから技に入る、合気上げ」

すなわち、地球の重力を利用して敵の体を崩した後に、手を上げる技のみです。

“合気上げ”の原理は“合気下げ”!?

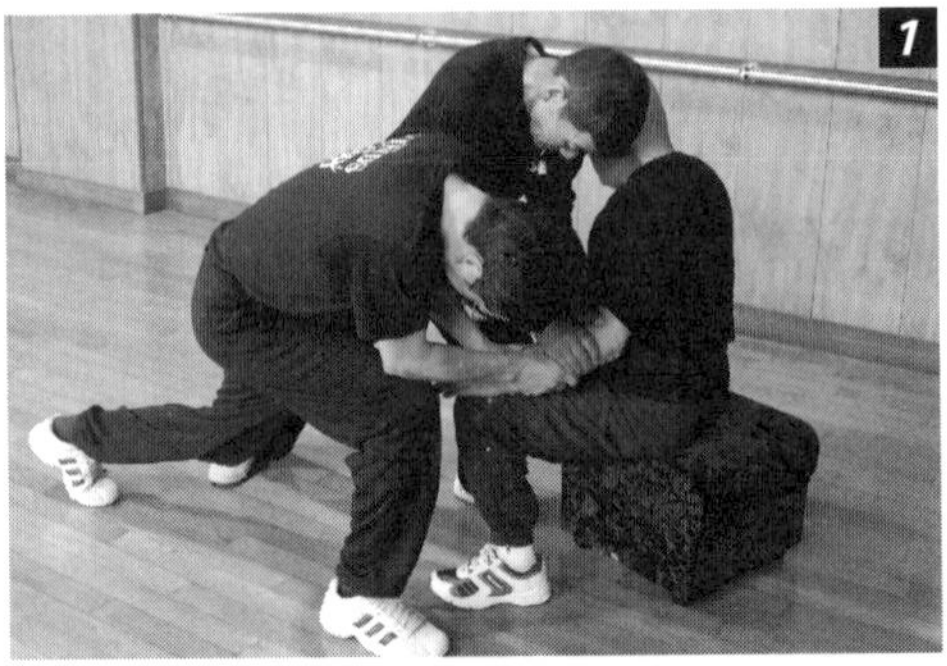

片腕を二人で抑えつけた状態からの〝合気上げ〟。ここでまず行われているのは、〝合気下げ〟による崩しだ。すなわち、上げるためには、抑えつける力に対抗して力で上回ろうとする必要はなく、要は相手の力（体勢）を崩してしまえばよいのだ。下方向に抑えつけようとする力に対しての下方向誘導（合気下げ）は、それこそまったく力を必要としない。なお、どこへ誘導するかは「相手全体の外縁の外一点」。そこへ〝全体〟を落とし込むように崩し、上げるのはそれからやればよい。

●崩しとは何か？

２００キロの重さを、片手で垂直に上げる事はできないが、45度以上に急傾斜している地面なら、下方向に移動させる事はそう難しくない。則ち、

「荷重を持ち上げるのではなく、持ち下げるのなら、誰にだってできるッ」

崩しの技法の理論は、ここを入り口とし、

「崩しは、位置エネルギーの応用だ」

とも言える。手を放し、力を抜きさえすれば、物体はすべて落下する。地球の重力が勝手にする事ゆえに、

「崩しは力ではないッ」

と言い切れる。だが、話はここから。

「こちらが手を放しても、相手が手を放さず、しがみ付いたらどうするか」

これ、別れたい女の時は死ぬほど大変。

そこで必要となるのが、この研究。

「こっちが手を放しても絶〜〜対に手を放さない、しつこい相手の手を一体どうやってゆるめればよいのだろう？」

●敵の正中心力を破壊せよッ

結論から申します。

「しつこい敵の力は、敵の正中心力を破壊する事によって、無に帰す」

これ、柔術の最高秘伝と言ってよいものですから、実戦を想定する人は御探求下さい。則ち、最悪なのは例えば、

「手を持たれたから、敵の手の関節に技をかけようッ」

これですわ。ある人も申されていましたが、敵の出す手の力は、手の力に非ず。実は、敵の全身の腱の力の合力。

「則ち、全身力こそ腕力の正体だッ」

皆様、これ、心当たりありませんか？

「なぜ、相手が強く持てば、私の逆技の一切が、相手に掛からないのだろう」

その理由はね、敵の全身の力が、貴方が技を極めようとする一点に集中して頑張っているからです。

それに対し、印象に詐《だま》され、教え通りの、

「部分的な関節技を極めようとする」

言い換えれば、氷山を破壊するのに、海上に出た可視の氷のみを壊そうとするから、次から次へと海面下の氷が浮上して一切の埒が明かないのです。則ち、

「可視の一割より、不可視の九割を破壊する技を考えよッ」

この辺り、重要な合気の口訣と思って下さいね。言い換えれば、

「技の全体性こそが重大な秘伝だッ」

そこで、全体性。敵の頑張る腕力。

“上がるはずのない体勢から上げる”のが真の“合気上げ”

横臥姿勢、肘を床に着け、掌を天に向けた状態の片腕に、三人がかりで抑えつける。いわゆる〝合気上げ〟の体勢とはまったく違っているが、これもある意味〝合気上げ〟と言えるのは、〝上がるはずのない体勢〟から上げる、という事。そしてそのために必要なのは50ページ写真の例と同じく「下方へ崩す」という事なのだ。つまり、〝合気上げ〟の本質は、「相手を上げる事」ではなく、「相手を崩す事」にある。最終的に抑え込む三人の体勢が大きく崩れているが、実は〝崩し〟が成立しているのは写真②の写真直前。その証拠として、写真②の時点で右肘が床から浮いているのに要注目！

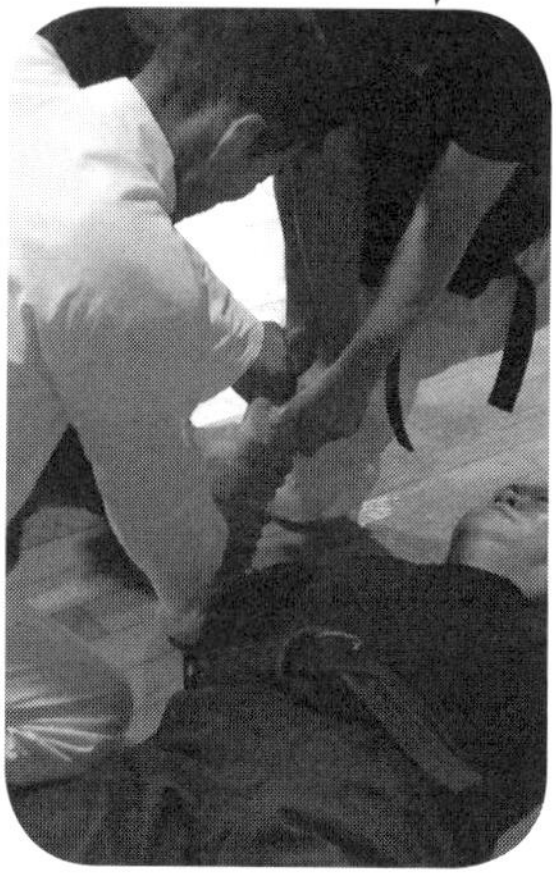

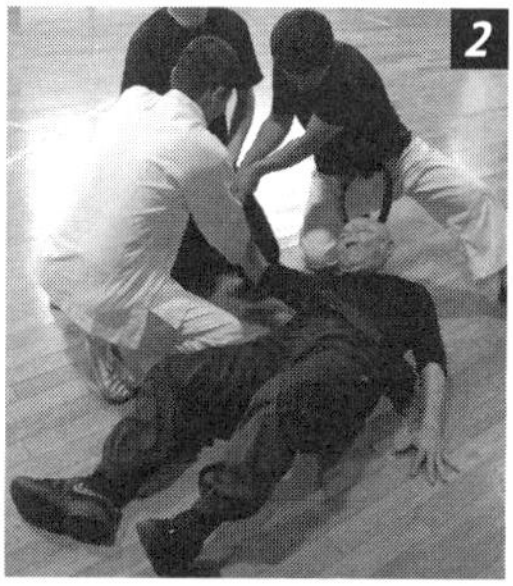

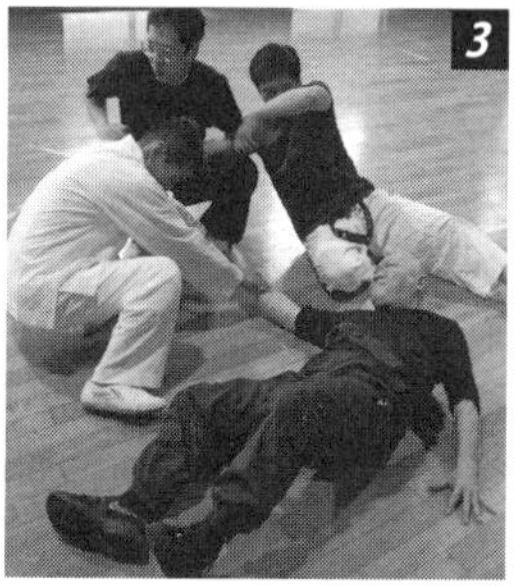

「敵の頑張る力は一体どこから？」

結論から言えば、それは腕に非ずッ。

「敵の正中心力だッ」

言い換えますと、正中線の力の合力。

「敵の上丹田、中丹田、下丹田の力」

という事になる。これを何とかして、破壊しないと、敵は大剛のままです。

●正中心力の破壊は、上丹田の破壊によって成功するッ

さて、敵の正中心力の破壊法とは？　無形の正中心力の破壊法は、有形の肉体を例にとってどうかお考え下さい。正中心力とは、三つの丹田の力、則ち、上丹田、中丹田、下丹田、この合力ですが、巨漢の腹を全力で殴っても、気絶する確率は低いが、顔に一発極めると何とかＫＯできる。この例えをもって敵の正中心力の破壊法を考える時、

「上丹田、則ち脳への一撃だけで十分だッ」

と言える。最後にその方法を述べれば、

「合気上げの術者は、敵に持たれた手と、敵の手を、電気的な波動を伝達する回路として用い、自らの正中心力を敵の脳への一撃として用いるのだッ」

則ち、拳銃の戦闘射撃にいう、

「ヘッド・ショット」

これと同じ効果を発揮する、ある技巧を用いて、敵の脳を波動で一撃して、敵の正常な思考力と筋力を一時的に停止させるのですが、さて、

「その具体的な技法とは？」

それについては次項でていねいにお話し致しましょう。

■

〝ヘッド・ショット〟

天公また模稜の手に似たり。雨ふらんと欲し、晴れんと欲し、両端を治す。

（茨木専斎『起倒流乱目録』）

●〝長い波動〟

「合気上げ」

についてさらにお話しします。前項で私は

「敵の頑張る力のエネルギー源は、正中心力であるッ」

という事を申しました。正中心力は、

「上丹田、中丹田、下丹田」

これらの総和力ですから、敵に頑張られて困っている人は、この三つの丹田力を潰せばよいのだが、

現実には三つ揃って一度に潰す必要性はさらになく、

「敵の上丹田（脳）」

これ一つを機能停止に導けばよい。そのためにはどうするか。それは、

「術者の正中心力や丹田力を、敵の上丹田、則ち脳に波動としてぶつける」

という技巧を用いるのですが、さて、

「その具体的な技法とは？」

という所から、今回のお話の始まり。

言い換えますと今回は、

「どうやって敵の丹田力を潰すのか」

という、力抜きの秘伝のお話で前項の

「ヘッド・ショット」

則ち、頑丈な下丹田を一撃するより、

「脳に一発喰らわせた方が早いッ」

という、この辺りの研究の続きです。当然ながら、一発喰らわせて効かせるためには、そこに致命的な破壊力、則ち、

「強大な貫徹力」

こいつが必要だが、これは同時に、

「長大な貫徹力」

とも言えて、そのためには短剣よりも長槍に例えられるような、長〜〜い武器の方が都合がよい。人体に深いダメージが与えられるからである。則ち、

「人体を部分的に損傷させるのではなく、全体を損傷させる必要があるッ」

という訳で、ここでも、

「技法の全体性」

これが問題となってきます。同じライフル銃で被弾しても、体の端を撃たれて弾が貫通した時は助かるが、脇腹から入った弾が、反対側肋骨で跳ね返って、再び逆の腋下から飛び出た場合などまず助からない。それは、

「内臓を一回りするような長〜い銃創」

こいつが人を死なせたのだが、このような人体にとって誠に危険な、

「全体性を貫く長〜〜い波動の道筋」

これを中国武術で
「勁道」

と申します。力で効かない肉体でも、勁道を脳に通してやれば、必ず効く。それは脳にダメージが届くからです。このように、全体性を脅かす長〜い勁道を用いるがゆえに中国人は太極拳を、

「長拳」

と呼んだ、と私は思っています。人によっては長拳の意味を、

「まだ終わらんッという位、長〜い型」

と信じているから念のため。そうでなく、

「発勁の勁道が、波動として最長の、長波や長々波を用いるゆえに長拳だッ」

という事なのです。そこでこの、

「長々波」

という事。中国武術の発勁や、合気上げにおける、脳への波動の一撃。それを効果ある技法にするための、

「長大な貫徹力」

この正体こそ、長々波だと言えますが、長々波の会得は、簡単そうに見えて、実は途轍もなく難しく、
人によっては何年経っても会得できません。また、

「会得できたッ」

と思った人も、何日か経って、

「その会得を忘れてしまう……」

という厄介な代物でもある。そこで、

「技の威力と長々波の関係」

これを知りたい人は、まずは
「打撃の威力」

これによって知って下さい。これは、打撃の技において、拳の未来位置、

「その仮想の貫通打点を、どこに取れば最大の威力を得られるか」

という研究でもあります。これ、人により答は色々で、中段突きの時、

「拳一つが埋まる、胸の奥」

「拳一つが出る、背の奥」

「背中の三十センチ奥」

“ヘッド・ショット”の攻撃方針

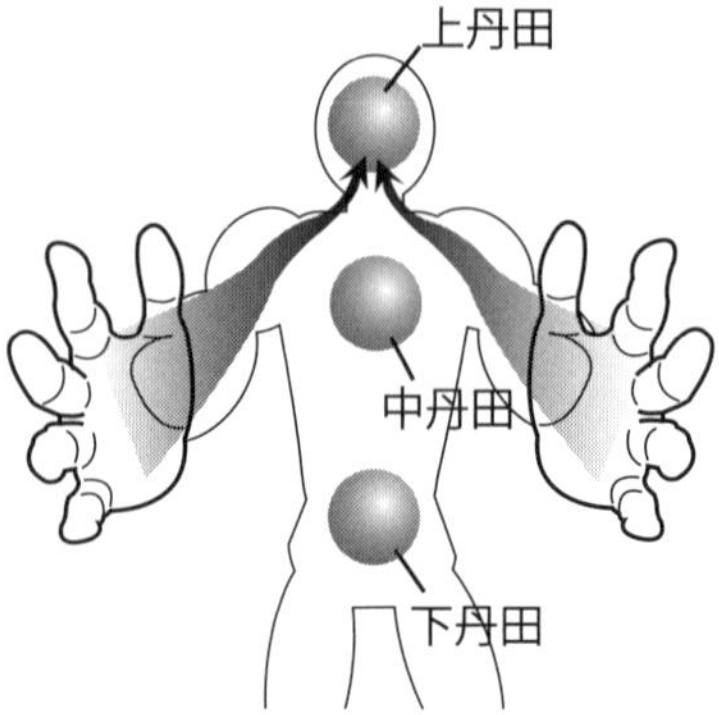

上丹田を一時的にでも機能停止に至らせれば、相手は頑張りがきかなくなる。これが、最も効率的に技を効かせられる“ヘッド・ショット”の考え方。では、何をもって上丹田にアプローチするか、という問題。“頭部への直接打撃”のような事が簡単にかなう訳ではない。そこで必要となるのが「長大な貫通力」なのだ。

形としては似たように見える突きも、その貫通打点がどこに置かれているかによって貫通力すなわち“波長”のまったく異なる打撃となる。ここで問題としているのは手が届く距離ではなく、あくまで波長。波動としての力の通り道すなわち“勁道”が長いアプローチをとれば、相手の脳にも到達し深いダメージを与え得る攻撃となる。

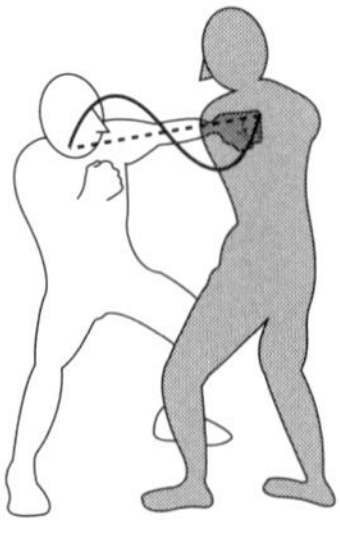
拳一つが埋まる胸の奥

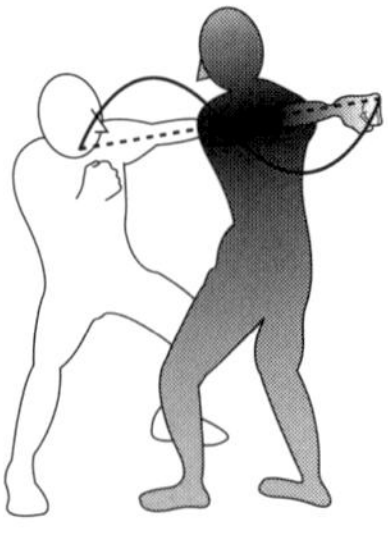
背中の 30 センチ奥

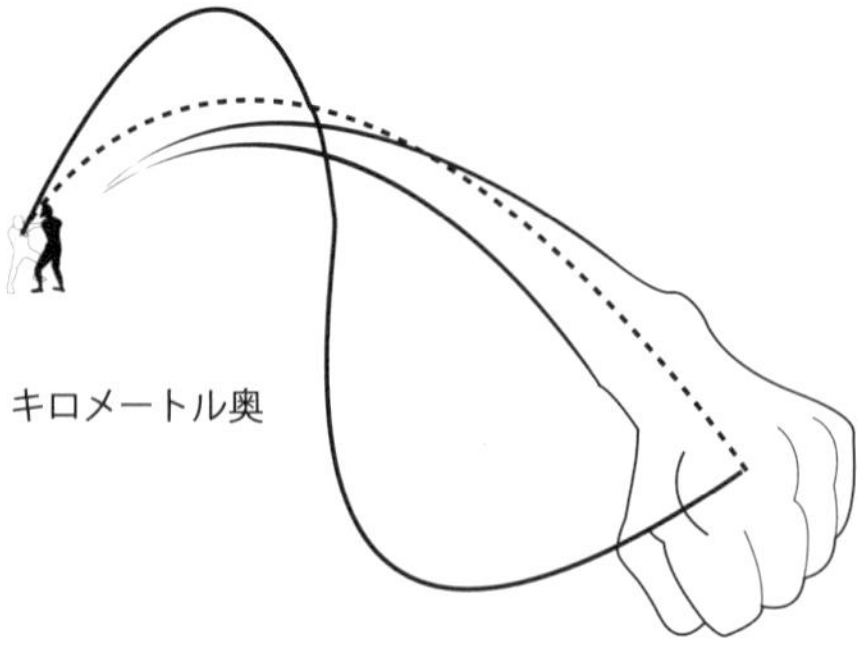
背中の１キロメートル奥

「背中の一キロメートル奥」

色々のご意見もございましょうが私、

「背中の一キロメートル奥」

これが正しいと思います。ここに関与するものは、イメージの力、人間の、

「幻睡的創造能力」

これだけですから、分かり難いでしょうが、不可視のものや、不可触のものは、可視の物質に置き換えて、お考え頂くと分かりが早い。打突の時、

「目標の打点を、どこに取るのか」

これを実際の拳銃射撃と実弾の関係で考えてみましょう。早い話が、

「威力と、弾丸の飛距離の関係」

という事で、これは誰が反論しても、

「弾丸の飛距離と威力は正比例する」

則ち、飛距離の長い方が威力がある。私の持っている三千円のエア・ガンのＢＢ弾は40メートルしか飛ばない。ゆえに当たっても死なない。しかし実銃は、

「1キロメートル、弾丸が飛ぶッ」

この長大な飛距離が則ち、至近距離で撃った時の殺傷力の源です。これと同じ事が実は、中段突きにおける仮想打点と威力の関係についても、

「いえるのではないか」

〝波長〟の違う打撃

手が届く範囲に打点が置かれた〝短波長〟の打撃。ゴツンという表面的な衝撃は生じるが、深いダメージは与えられない。

相手体内を長く貫通させ、相手の奥足方向に貫通打点が置かれた〝長波長〟の打撃。深いダメージを与えるとともに、インパクト時の衝撃力でなく〝貫通〟の物理作用によって体を激しくもっていかれる。

短波長の打撃

長波長の打撃

と私は思っています。中段突きの仮想打点を、実際の拳と打点の、

「二点を繋ぐ波長や飛距離」

として考える時、拳一つが埋まる打点は、その飛距離、約80センチ。拳一つが背に出る打点は、飛距離約1メートル。背中の30センチ奥は飛距離1メートルちょっと。皆様、

「実弾の飛距離が1メートルと少し」

という拳銃が想像できますか。

「それは、オモチャ以下の性能だッ」

と言える。ゆえに、オモチャ以下の打撃力しか出せないのです。効かせるには、

「打点をはるか1キロメートル先に取る、波長1キロメートルの長拳」

こいつを会得するのが早道と言える。太極拳では、この1キロメートルに及ぶ長大な思考波を持つ波動を、

「勁力」

として用いるがゆえに、実際の人体に拳が当たってからも後、999メートルの貫通力を余力として持っている。ゆえに、

「術者の拳は当てた後も鋼の如しッ」

逆に、波長1メートルの打突は人体に拳が当たってから後の貫徹力を、ほとんどエネルギーとして持ってないがゆえに、

「その拳は、当たってからが柔らかいッ」

拳がわずか1メートルの飛行中に、力の大半を使い切って終わるゆえに、当たってからが柔らかく、人体にめりこまない。これ、まるで○○○が終わった直後の ××× みたいじゃなかですかッ。伏せ字がど〜〜しても分からん人には、

「勁力がインポッシブルなんだよッ」

と申しておきます。そんな訳で余力が常に有り余った状態を最後まで持続する所に、一つの秘伝がある訳です。

●模稜の手、両端を治すという心持。秘すべし、秘すべし

さて、長～～い波長の前フリが終わった所で、いよいよ本題です。それは、

「合気上げにおいて、どうやって相手の強～～い手の力を抜いてしまうのか」

これを入口とする崩しの研究で、

「そんなの簡単ッ。実戦は当て身だ。当て身で相手を崩せばいいのさッ」

という単細胞は、当て身と殴り合いのプロであるヘビー級のプロボクサーに当て身を入れて怒らせて半殺しにされなさいねッ。合気柔術の美点は、

「殴る蹴るをしない非暴力にあるッ」

と私、かねてより思ってます。そこで非暴力の技でどうやって崩すのか。その初歩的な技法がこれからお話しする、

「敵の脳を狙い、術者の丹田力と長波の思考波を脳にぶつけて、現実の当て身の代用品とするッ」

という、振動波を使った崩しの技法なのです。私はこの技法を、

「模稜《もりょう》の手」

と呼んでいますが、この技法を、

「技法の全体性」

という事を主題に今から説明します。技法の全体性、それを一言で言えば、

「敵の体の隅から隅まで、ずず～～と欠ける事なく術技を施せッ」

という事であり、これを例えれば、

「耳なし芳一の全身に書かれた経文の如きもの」

と言える。則ち経文の欠けた所があれば、そこから命を奪われる訳です。同様に、模稜の手においても、技法に欠けた所や空白があると、効果はなし。

「相手の手の力が全然ゆるまないッ」

という結果となる。「模稜の手」は、長～～い波長を持つ、振動波の技法ゆえ、それに関係するものは、

“ヘッド・ショット”による合気上げ

“ヘッド・ショット”を効かせた合気上げ。無闇に大きな力を生じさせずとも、相手の脳に“振動波”を到達させられれば、何気ない動きで崩せてしまう。崩してしまえば、後は上げようが倒そうが自由自在。“ヘッド・ショット”のポイントはあくまで“長波長”であり、力によるものでないため相手の力とも体重ともぶつからない。

「振幅」

であり、術者は相手の、

「縦、横、厚さを基準とする振幅」

これを目安に、振動波の技法を施すのですが、この技法、他に類似品が見あたらないだけに、皆様には、

「何の事やら分からんぞッ」

という事になりやすい。ゆえに基本からお話をします。元々「模稜の手」はかの柳生十兵衛三厳先生の手による伝書『月之抄』に出てくる「起倒流柔術」の秘術であり、これについては父君の、但馬守宗矩先生までが伝書の末尾に、

「奇特神妙々々、今に至りてこれ無き義、別して感じ入りしなり」

則ち、分かりやすく言えば、

「その凄い術法の効果は不思議な位で今に至るまで何人も、この原理に気付いた者はいない。拙者もまるで知る由もなかった秘術ゆえ本当に感服した」

達人柳生但馬守でさえもが、

「私は知らなかったッ」

という術理ゆえ、並の人が知っている訳がない。術理を発見した柔術家は、

「茨木又左衛門寺斎」

という新陰流の門人で、柔術の師は、福野七郎右衛門。この福野先生の師が誰あろう、当時の長崎の出島にいた、

「陳元贇《ちんげんぴん》」

という元は中国少林寺の修行僧にして一流の拳法家であった人です。ゆえに、

「秘術、模稜の手には中国武術の秘伝が色濃く含有されているに相違ない」

という事で中国拳法家でもある私が、私流の解釈で今、秘術を再現します。

「秘術、模稜の手」

これを一言で言えば、

「敵の全身の神経を制圧しながら敵の脳に、無痛のダメージを与える技法」

と言える。何？　お分かりにならない？

では、すべての技には五つの分野、

「起源、性質、機能、期間、結果」

があるゆえに、この五つの順序で術理のお話を致します。まずは、

「技法の起源」

これは、術者の眼。敵の全体像の輪郭を、端から端まで見る行為です。

「それが何ッ？」

という人には、錬磨された術者の錬磨された見技には、魔法に似た効果、

「眼と眼の中間の印堂穴から、線維性のエネルギーの糸を放出し、それを敵の体表の輪郭に貼り付ける事が可能」

と言っておきます。なお、見技とは己の正中心を据えて、見る行為です。

秘術“模稜の手”

相手を崩すためのインパクトは、それが深い所まで到達させられるならば“打撃”のように強大なものである必要はなく“針”のレベルで十分。一気に貫き通す必要もなく、短くとも徐々に伸ばすようにして侵入させてゆけばいいのだ。勁の“針”を少しずつ距離と角度を変えながら左腕→左肘→左肩→首→脳へと到達させれば相手は一時的機能停止に陥る。

さらに→首→右肩→右肘→右腕→右手→右腋→右腰→右脚→右膝→右足→右足指→地面の下へと貫き通せば、相手は継続的に完全に動けない状態となる。“針”と称せども、これ無痛。

「技の性質」

これは、無痛、無圧、無重、無形、外からは、何もしていないように見える。しかしその性質は、思考波であり精神波であり、ヨーガでいうプラーナを、細長～～い金属針として、敵の皮下に突き通しながら脳に至らせるのである。

「技法の機能」

敵の呼吸と思考力の停止。これは術者のプラーナが、強制的に敵の脳に侵入する結果において、そうなる。ゆえに敵の呼吸が楽なうちは、技法は効いていない。

「技法の期間」

術者がプラーナを、敵に送り始めてから始まり、送り終えて終わる。則ち、プラーナの中断が、技法の効果の終わりである。

「技法の結果」

錬磨された術者の、錬磨された見技により、プラーナを、持たれた手首より敵の手の皮下に、金属針を刺すように注入する。さらに術者はプラーナの針を
「敵の腕↓肘↓肩↓首↓脳↓首↓反対側の肩↓反対側の肘↓反対側の腕↓反対側の手↓反対側の腋↓反対側の腰↓反対側の脚↓反対側の膝↓反対側の足↓反対側の足指↓地面の下へ」

と侵入させると、敵の体は、縦に串を刺された鰻の如く、動けなくなる。以上が「模稜の手」を用いた崩しであるが、最後に「模稜の手」の字儀を聞いていただく。まずは、

「模」

これは模型の模であり、模範の模である。則ち、技の原型を作った後、実技を施す。見技の後、プラーナを通す。技法の二度掛けが命だという事。さらに模は、模写の模で、本物を写し取るという意味を含む。

「稜」

稜は稜線を意味し、峰々に続く山の起伏を、人体の輪郭に例えたもの。ゆえに、

「模稜の手」

は、人体の輪郭を写し取るような技法、という事になる。この続きは次項で。

■

〝模稜の手〟その理論

思考に表現力を加えれば、力を得る事ができる。

（ブルワー・リットン「幽霊屋敷」）

●〝模稜の手〟

前項に続いて、テーマは、

「合気上げ」

本項もさらなる崩しの研究で、

「合気上げにおいて、手首を強～く掴まれた時、どうやれば相手の万力のような手の力を抜いてしまえるのか」

という応《まさ》にこの辺りの研究である。この研究をみっちりとしない人は大剛大力の巨漢に手を持たれるや即座に、

「痛ててッ」

という事になり、痛さの余り稽古どころではなくなります。皆様の中には、

「手首を持たれた位で、そんなに痛いはずはないッ」

という人がいるかもしれないが、それは錬磨された正中心力を会得していない人同士が行う、未熟な稽古がそう思わせるのであり、殺気十分の気迫で

「殺す位に握り殺すッ」

という事を基準に稽古を行う時、錬磨されていない人の、細〜〜い手首を、骨膜に傷が付くほど捻り持ったり、また実際に骨がへし折れる寸前までテコの原理を応用して砕き曲げる事はそう難しい事ではない。素人考えの、

「手首を持たれた位、何でもない」

は間違いであり、鍛えた玄人の技術はそれだけで人骨を折る威力を確かに持つ。ゆえに、か弱い女性に模範を示させ、

「まッ、こんなに簡単に上がるのね」

というような甘い合気上げの記事を見ると、私としては、何と申しますか、

「ふざけんじゃね〜〜ぞッ」

という位に腹が立つのである。

さて、前項でご紹介した、起倒流の、

「模稜《もりょう》の手とは何か」

この辺りをさらに、深くお話しします。

前項でも申しましたように、模稜の手の、

“皮膚にかける”という事

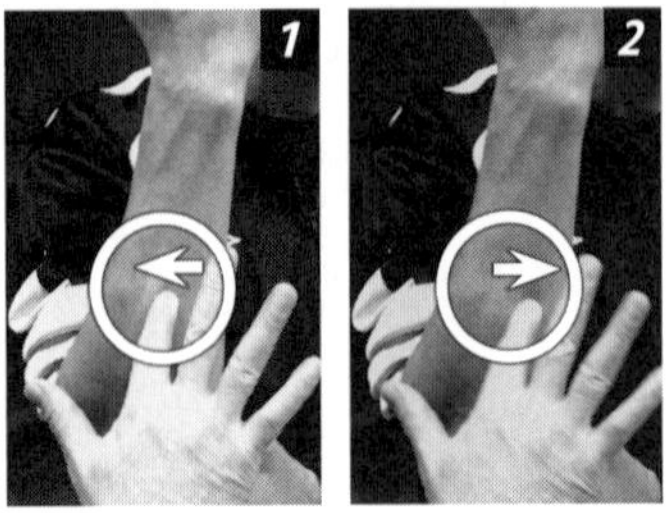

相手が力み固めた骨や筋肉にアプローチしても動かせないが、皮膚は必ず４センチほどは動く。２センチでも動けば技はかかる、と言い、この２センチこそが神経への突破口。柔術の“逆技”とは本来こういった性質のものだ。

“模稜の手”とは「輪郭を写しとる」すなわち「皮膚に沿って技をかける」ところを意味する。これすなわち、筋骨へではなく神経へのアプローチなのだ。

「模」

の意味は、模写、模造の意味を含み、

「実物をそのまま写しとる」

という事と思って下さい。模稜の手の、

「稜」

の意味は、山の峰々の稜線を意味し、

私はそれを、人体の輪郭になぞらえてその起伏に沿って技をかけると解します。

そこで、起倒流秘伝の模稜の手は、

「人体の輪郭を写しとるような技法」

という事になるのだが、

「そんな事をして何になるのッ」

という皆様のために、さらにお話しします。

「人体の輪郭に沿って技をかける」

という事、これを言い換えれば、

「人体の皮膚に沿って技をかける」

という事である。特に明記すべきは、

「皮膚に技をかけるのが真の柔術だ」

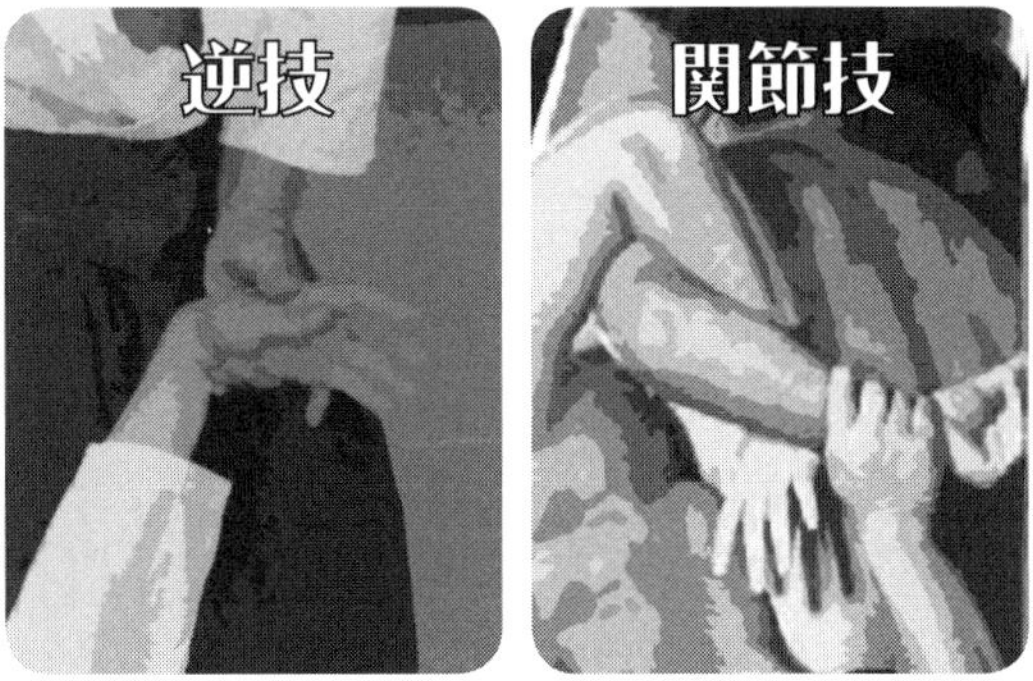

柔術の“逆技”は“関節技”にあらず。“関節技”は筋骨にかけるゆえに、相手の力が勝る場合には耐えられてしまってかからない。一方、柔術の“逆技”は相手がいくら力のある巨漢でも効かせ得る可能性をもっている。それは、“逆技”が対象としているのが筋骨でなく、神経だからだ。

という事で、私はここに一つの原理、

「古流柔術の一大秘伝があるッ」

と信じており、それを一言で言えば、

「皮膚↓皮下神経↓中枢神経↓脳」

へと伝達される逆技の研究であり、これは一般に行われている平凡な技法、

「皮膚↓筋肉↓腱↓骨膜↓関節」

へと伝達される関節技とはまったく異なる。

何のお話をしているかと言えば、

「逆技と関節技は、まったくの別物だッ」

というお話をしているのであり、

「逆技は巨漢に対しても効く可能性を持つが、関節技は効く可能性がない」

という事実をお話ししているのである。

その理を端的に言えば、

「細〜い紐のように切れやすい神経に技をかけるのと、太〜い木のような頑丈な骨格に技をかけるのとの違い」

とでも申しましょうか。そんな違いが古流柔術の逆技や投技と、現代武道の関節技や投技にあるよう

に思われます。

「細～い紐と、太～い骨格」

どっちにかければ、より効率よく技がかかるか、考えるまでもございませんわ。

細～い神経に技をかけた方が良いのに決まっています。ゆえにですね、

「柔術の修行者は、先生が何と言おうが、頑丈な関節を攻めるようなアホな技は、卒業して使わないようにしてねッ」

と申し上げているのです。会得すべきは、本当の柔術の技、

「皮膚から神経にかける逆技」

これに決まっております。神経繊維は、

「1ミリも伸びないし、縮まない」

という性質を持ちます。伸縮性がゼロの素材でできているから、わずかの伸縮にも敏感に反応するのです。ゆえに女性にツネられただけで痛いのです。ただ、

「やめんかいッ、**コラッ**」

と心底腹が立つ時と、嬉しくなって、

「も、もう一回お願いしますッ」

とお願いするのは、女性の美人度によります。模稜の手は皮膚や神経にかける技ですが、これを逆に言えば、

「敵の筋肉や、腱や、骨膜や、関節には絶～対にダメージを与えるなッ」

という事でもある。合気上げの場合、持たれた手首の皮膚を媒体として、

「術者の皮膚↓相手の掌の皮膚↓相手の皮下神経へ」

まず最初の勁道が開かれるのであり、そして、その勁道は前に述べた如く敵の全身に及ぶ。

この時、術者の気や、プラーナが波動として注入されますが、これも、

「皮下注射のみ有効」

であり、言い換えれば、

「筋肉注射や骨髄注射は一切駄目」

その理由はエネルギーのロスにあり、

「どんなに鍛えても、皮膚はわずかの力で２センチほど、必ず伸縮する」

つまり、そのわずか２センチの伸縮を突破口に、技を仕掛ける事ができるのですが、逆に言えば、皮膚以外の分野、すなわち、

「鍛えた人間の骨格や骨格筋を、術者のわずかな力で動かす事はできない」

という事である。別の言い方では、これは分子レベルのお話になるので、説明法としては適当とは言えませんが、

「原子の中では、内側の電子は、反対の電荷を持つ原子核によって、非常に強く引っ張られているが、外側の電子は、束縛が弱く、簡単に移動できる」

という、電荷保存則、つまり、

「表面に付着している電子は、物質から他の物質へ、簡単に移す事が可能」

この原則が、模稜の手の、表面的とも言える皮膚技にも当てはまるのではないかと考えられる。則ち、

皮膚に技をかける

ここで用いているのは“指二本”。ほんの軽く触れるようにして“皮膚にかけていく”と、相手はどうにも抵抗かなわず極められてしまう。

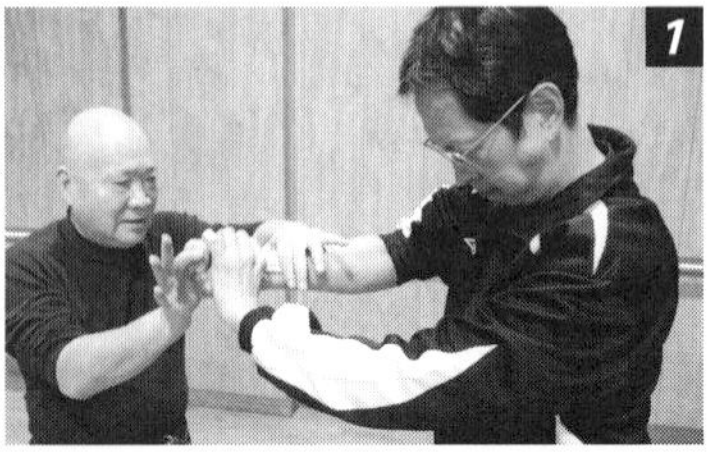

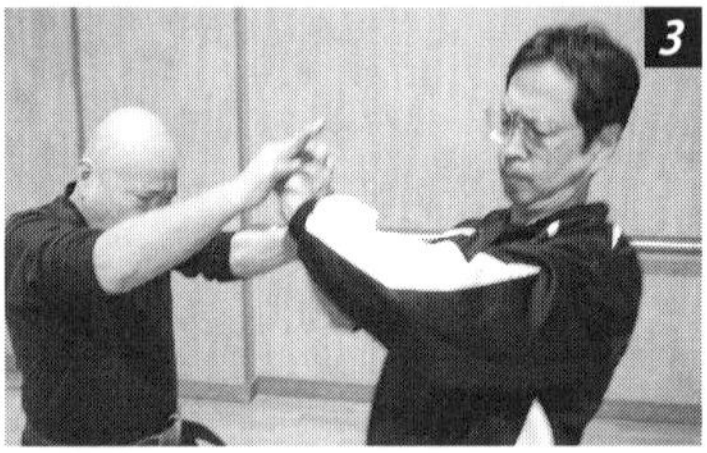

関節に技をかける

相手をコントロールしようとする時に誰でもまず考えるのが、骨や関節にアプローチする事。こちらが思うように動かす事ができれば痛みを与えたり、相手の動きを制御したりできるが、実は力比べになってしまうのが常。がっちり固められてしまえば技はかからない。

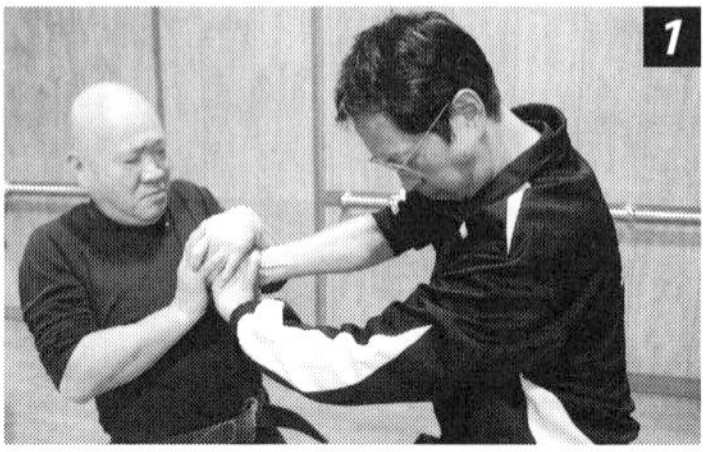

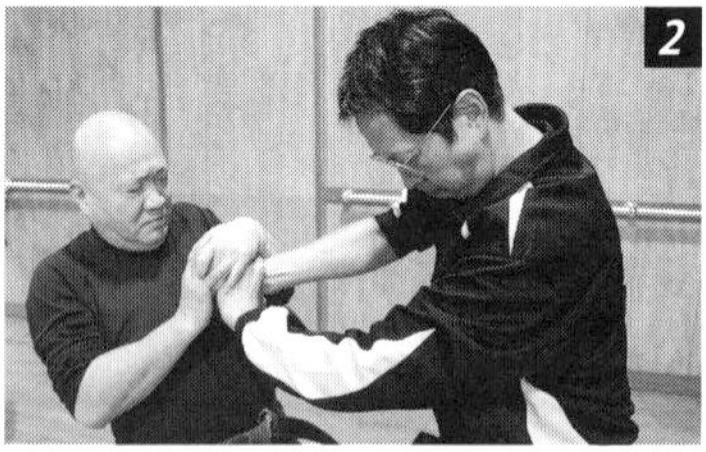

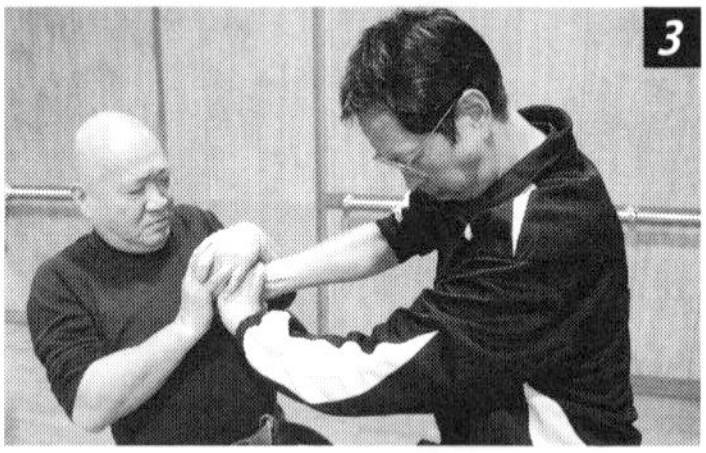

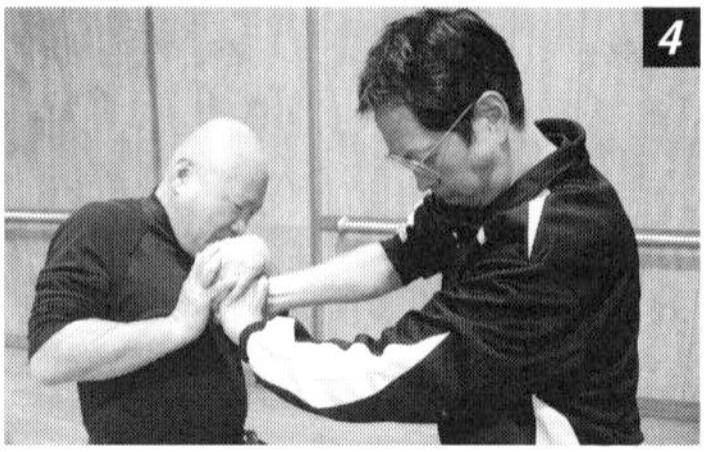

「表面的なエネルギーは、術者の技巧で何とでも処理して移動できるが、内部の骨格筋や骨格に属する深部エネルギーは、術者の技巧でも移動しない」

という訳で、エネルギー効率から見た模稜の手を、まず理解して下さいね。

●プラーナ・ヤーマについて

合気柔術に崩しはつきものだが、その本質を一言で述べれば、

「見えない当て身」

である。それゆえに、合気武術家は、拳法家や剣術家と同様の苦労、則ち、

「この世の誰にも発見されない一撃」

を会得する必要があり、この会得がないと己の攻撃は常に敵に発見され、事前に処理されてしまう。

ゆえに、

「不可視。無形。無色の一撃」

の会得は必修科目であるが、この会得は誠に難しい。模稜の手もその本質は見えない当て身ゆえ、ここでヨーガの
「プラーナ・ヤーマ」

についてお話しして理解を深めていただく。これは日本武術でいう所の、

「序、破、急」

でもある。ここでいうプラーナとは、気の事であり、アーヤーマとは、制御の事である。ゆえにプラー

ナ・ヤーマは、

「気の制御」

を意味するが、その例え話がこれだ。

「その昔、インドで王の怒りに触れた大臣がいた。彼は絶食による死刑を申し渡され、高い塔の頂上に幽閉される。自力では逃げられない高さであった。深夜、彼の妻は大臣にたずねた。どうやって助ければよいかと。大臣は必要な品々を紙に書いて塔の窓から落とした。それは、こう書いてあった。

『蜂蜜、カブト虫、絹糸、麻紐、ロープ、太いザイル』

そして次の深夜、大臣は妻にカブト虫の角に少しの蜂蜜を塗らせ、絹糸の端を縛って、それを塔の壁に乗させた。カブト虫は鼻先の蜂蜜の匂いに引き寄せられて、どこまでも壁を昇り、ついに大臣はそれを窓際で把んだ。彼は入手した絹糸の端に、麻紐を結ばせて引っ張り、麻紐を入手し、次に麻紐の端にロープを結ばせて、ロープを入手し、最後に同じやり方で、太いザイルを入手した。彼は部屋の一部にそれを縛り付け、ザイルを伝わって脱出した」

以上がヨーガに伝わるプラーナ・ヤーマのお話である。最後に得た、

「太〜いザイル」

これが実用的なプラーナという訳だが、これを入手するためには、

「極小から徐々に極大へ」

という技巧を必要とし、ここが武術の
「二度掛け、三度掛け」

と繋がるのである。模稜の手を別の面から言えば、敵の脳を打つために行う、

「体で起こした波動の一撃ッ」

まず相手の体全体の輪郭をとらえ、なぞり見る。その外縁すなわち〝極小〟としての皮膚から〝極小〟の波動を伝わり込ませ、その波動を途切れさせないまま一気に〝極大〟化させつつ脳へ到達！ 一時的な機能停止状態に陥らせる事によって崩す。

小さなカブト虫でも細い絹糸なら運べるように、皮膚を通した〝極小〟の神経アプローチは決して難しくない。そのアプローチを途切れさせないまま、麻紐、ロープ、太いザイルと連ねるごとく〝極大〟化させれば大きな効力を生み出せる。ポイントは〝途切れさせない〟事、すなわち相手の体の端から端まで通し得る波動だ。

であり、それはまず、敵の体の輪郭を正中心を据えて、端から端までなぞって見る行為から始まる。

これで倒れる人はまずいない、現実には人の体重を支えられない絹糸の段階に似ている。しかし、絹糸の端には、見えないザイルが結ばれており、次の段階では、

「**ドカッ**」

とザイルを伝わらせ、ある種の有害な波動を、術者の強い正中心力とともに、敵の脳に伝達させて、その機能を一時的に麻痺させる事ができる。これが私のいう、模稜の手であり、それには、

「極小の波動から、極大の波動へ」

という二度掛けの技巧を必要とする。しかし、この術法の初心者は何としてもこの辺りに理解が及ばず、

「絹糸↓麻紐↓ザイル」

とはならずに、

「絹糸↓木綿糸↓釣り用の道糸」

となりやすく、私はそれを見て、

「鮎釣り用のテグスで、一体どうやって人の体重を支えるのやッ」

と怒るのだが、一向に改まりません。言い換えれば、初心者たちは皆、

「極大の波動を作る能力に欠ける」

極大のエネルギーや波動の出し方で、一番必要とされるものは、脚や足です。

「足の裏、足の爪、踵、腰、膝、腿、肛門」

この七つを協調させて振動させ、大地との摩擦エネルギーを技に変換する。初心者はこの「変換」という事が分からない。一円玉一万個は一万円札に変換できるが、それは等価だから。ゆえに、

「足りないものは変換できんッ」

ゆえに術者は下肢を何よりも鍛える必要がある。

私たちはともすると、高度な技や知的な技は、

「頭で行うモノで、体は必要ないッ」

と思いがちですが、どうやらそれは間違いの元で、鍛えた体は必要のようです。その体を使って、

「極小から極大へ。敵の体の端から端まで」

波動を伝達させる時、自ずと敵の脳をも一撃するのですが、そのコツの一つは、

「術者の思考力に、術者の演技力や、表現力をたっぷり加えると、予想以上に実用的な結果を生み出す」

合気上げは筋トレにあらず。したがって「どのくらいの抑えつけられ方までなら上げられる」という限界があってはならない。たとえ片手対両手でも上げ得る方法論の一つが〝模稜の手〟なのだ。どんなに強い力で抑えつけられていても、その相手をわずかでも崩せれば手は上げられる。問題はどう崩すかだ。

言い換えれば、

「秘術の一面は、術者の演技力だッ」

という事で、下手な演技をしますと、結果も良くござんせん。言い換えれば、秘術を使うにはそれなりのムードや風格を自ら演出する必要があり、さらに具体的に申せば、

「昔の古武士の立ち方、座り方、呼吸法、眼光、肚の据え方が不可欠だッ」

という事で、逆に言えば、モミ手で、

「ヘェ毎度〜ッ。もうかりまっか」

という商人風や町人風では、効く技も効かなくなるのであります。最後に、この秘術のもう一つの一面、

「長々波の勁道」

についてお話をします。模稜の手は、

「敵の体の端から端まで一気を通す」

という技の全体性が大切と申しました。

これを言い換えると、

「一気の勁道を途中で切るなッ」

という事で、短く切ったロープが役に立たないのに似ています。皆様は、

「繋げばいいじゃん」

と思うかもしれんが、まず不可能で、

「後で繋ぐ位なら最初から切るなッ」

と申し上げておきます。さて、人体の輪郭を端から端までなぞる時、その長さは身長１・７メートルの人で、４メートル近くなります。初心者はこの

「４メートルの波長を作り出す事」

これがどうしてもできない。皆様は、

「たったの４メートルじゃないかッ」

と思うかもしれないがそうではない。模稜の手の初心者が４メートルの長々波を作れないのは、水泳の初心者が４メートルの深さを潜れないのに似て、途中で力尽きるがゆえに、まず不可能に近いのです。■

〝模稜の手〟から究極の合気へ

模稜の手、両端を活すという心持。無味の心、極意向上なり。秘すべし。秘すべし。

「起倒流乱目録」

●〝模稜の手〟

前項に続いて
「模稜《もりょう》の手」

についてお話しします。本項では初歩的な応用法についてのお話で、例えば、

「技をかけられまい」

としてガチガチに抵抗する人体を、

「厳重に施錠された玄関のドア」

としてお考え頂き、術者は、

「アルセーヌ・リュパンの如く、そのロックを一瞬に解く」

という、応《まさ》にこの辺りの技術を習得して頂こうという試みでございます。

「部分」のみを見ては技はかからない。例えば、相手の手首に逆技をかけようという時、得てしてその手首にさえ大きい力をかければよいと思ってしまうが、相手の抵抗は手首だけによるものでなく、全身生起の力。よって、技はかならず相手の〝全身〟を劣化させる事を考えねばならない。

例によって結論から先に申しますと、

「技法としての全体性がモノを言う」

という事であり、逆に申せば、

「部分的に局所を攻めても無効だ」

という、応にこの辺りの理解が必要で、例えば、手首を逆に極める逆技ひとつを考えても、相手はアダムス・ファミリーのハンド君ではないのだから、

「手首だけで存在している」

というには非ず、他のパーツも付いてます。他のパーツについては、

「♡あッ、♡あッ」

というパーツとか、逆に、

「それだけは駄目ッ。おカマいなく」

というパーツとかいろいろあるが則ち、

「相手は手首だけで頑張るに非ず。その他のパーツ、則ち足、足裏、脚、足指、爪、踵、膝、肩肘、丹田。全てを集結させて頑張るのであるッ」

この辺りが死ぬほどお分かりにならぬと合気武術は使えません。中国武術で、「毒」に例えるのが応にこの辺りの術理で、例えば今、注射器に毒蛇の毒液が5ccほど入っているとする。これを相手に注射して抵抗力を奪わんとする時、

「手に逆技をかけるのだから、全部を手首に注射しよッ」

とやる人は、その人の健全な方の拳で思い切り殴られます。これ、本当にやってはいけませんが、術理として正しいのは、5ccを十等分して、

「手首、肘、首、脳、反対側の首、肩、腰、腿、膝、足」

と0・5ccずつ注射していくやり方です。沖縄の人は、ハブに咬まれた人が出た時、手足なら、

「可哀想に、三日は泣くぞ」

で済ませるが、首から上なら、

「今夜、お通夜だね」

と諦めるそうです。ハブの毒が脳の血管を溶かして死なせる事を知ってるからです。この術理が暗示するものが、

「技法の全体性」

で、敵の全体を余す処なく劣化させてこそ、技は掛かります。氷山の一角を壊しても、海面下の氷山が次々に現れる。海面下への攻撃が何より有効なのです。

●合気とピッキングについて

「ピッキング」

とは、鍵を使わずに、細い針金の類で見事に解錠する技術の事です。本項は
「ロックを外せッ」

というのが主題ゆえ、人体の骨節や、神経のロックを外し、見事に敵の筋力を解除して、自在に技が掛けられねばなりません。そのためにはまず、

「人体に存在する不可視のロック・システムを解除してからドアを開ける」

この発想を必要とします。それを、

「見えないのだから、ロック・システムなどないッ。体当たりか、ドアのノブを力で捻じ切ってもドアを開けろ」

これは、文明人のする事ではなく、原始人やビッグ・フットのする事です。長年武術をやって、それでは困ります。肉眼で見えずとも、頑張っている限り「その人の肉体は、施錠されている」と考えるべきです。さてそこで、

「筋力の解錠技術」

これについてお話する前に、実際の解錠技術、ピッキングについてほんの少しお話しします。シリンダー錠の場合、ピッキングは、二つの道具、則ち、

「アイス・ピックに似た金属針Ａ」

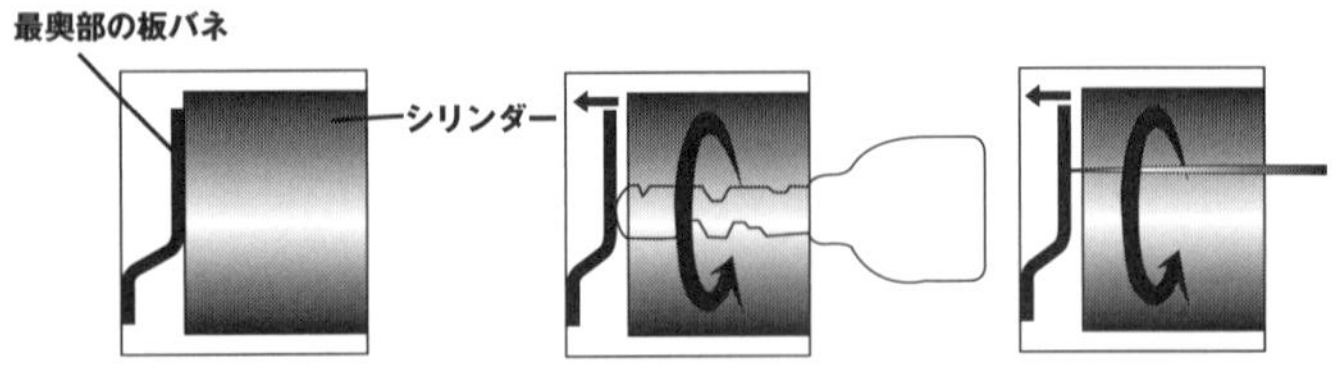

シリンダー錠の一つの形。鍵自体の長さをもって最奥部の板バネを押し、シリンダー・ロックを解除する事により回転する。同様の事は鍵なしででも、鍵と同等以上の長さを持つ針金により可能。ポイントは“最奥部のロック解除”。

相手の手首を捻ろうとするのでなく、まず、相手の左足に向けて気を通し、“人体最奥部のロック”を解除（写真③）。この時点でもはやほとんどの方向に対する抵抗力を失っている相手は、容易にコントロールする事ができる（写真④〜⑥）。

両手を組み合わせて離れないように固めた相手を解く事ができるか。ここでも“人体最奥部のロック解除”が決め手となる。“ロック解除”とは、相手を“変化・対応力のない状態”にしてしまう事。元々実は水平方向にしか抵抗力を準備していない相手の組み手は“人体最奥部のロック解除”さえ施してしまえば実にもろい。

さらに強固に腕全体を抱え込むように固めた相手には、腕全体を制御する事が必要。そこで、人体最奥部、すなわち自分からみて最遠端部となる相手左足小指へ気を通してやる事によって“ロック解除”。抵抗かなわなくなった相手ならばもはや腕のみならず、体全体をどのようにでもコントロールする事ができる。

「コの字型をした金属針B」

これで行います。具体的には、まずAを鍵穴から入れ、シリンダーを固定している最奥部のバネを押し、解除する。

この時、実際の鍵より短いピックは役に立ちません。最奥部のバネに届かないからです。鍵の長さはそのためのもので、1ミリ短くても合鍵にならない。次に、Aを押さえたままで、Bを鍵穴に入れ、最奥部のシリンダーか柔道のいわゆる“カメ”の状態になった相手に対する対処。ここでも、自分からみて最遠端部である相手の左足小指に向けて気を通す事によって“ロック解除”してしまうと、普通ならば到底返らない方向へひっくり返せてしまっている。

“ロック解除”は力によるものではないゆえに、組み伏せられたこんな絶望的な状態からでも相手に施してやる事が可能。写真②の時点でもはや不自由な状態なのは相手の方なのだから不思議なもの。無理なく動ける方向を探りながら大逆転!

ら順に、１８０度回しながら、ロックを解除していき、全てのロックが解除されると同時に、鍵が開く訳です。

人体も、

「これと同じだッ」

と言えて、模稜の手の長波は、

「Aの役目をする金属針だッ」

則ち、人体の形なりに気を送り、最も遠い相手の足を気で押さえる事が、

「人体の最奥部のロックを外すこと」

で、これでまず足腰の力が抜ける。

次に、相手の体を反転さ

せるつもりで、

「相手の手首を１８０度回転させる」

すると人体のロックは解除され、楽に技が掛かる訳です。この技法はどんな頑張り方をする人にも通用する。

「マスター・キーの役目を果たす技」

と言えます。本稿では試みに、

「最大限に剛直させた上腕屈筋腱」

こいつを解除する技法を、いくつかのパターンでご紹介します。初歩的で武術の技の中には入りませんが、初心者には必修科目であり、私は初心者は、

「技よりこの会得が最優先だッ」

と信じます。英会話に例えれば、

「アルファベット26文字の如きもの」

といえ、これを憶える事が先決です。

稽古相手に故意に力を抜いてもらわないと、自分の技が掛けられないような、間抜けな稽古をするよりも、これ一つを会得した方が良いですよ。則ち、

「プロの解錠技術を学ぶ」

という事が初心者に必要なのです。それが本当の「合気」に繋がってくる。私はそう思っています。

ではいくつかのパターンを88ページ以下の写真で示しておきます。

●究極の合気について

さて、合気の崩しについて色々とお話をして参りましたが、最後に、

「究極の合気について」

お話を致します。一言で言えば、

「崩しは合気ではないッ」

というお話で、言い換えますと、

「位置エネルギーを利用して上から下に崩したり、振動波を脳にぶつけて敵を崩すのは、本当の意味で、合気とは呼べないッ」

という応にこの辺りの核心部に迫るお話なのです。では結論から言って、

「何を本当の合気と呼ぶべきか」

一言でこれを言えば、合気ですから、

「気を合わせる事が、合気である」

これ、何の事か分かりますかあ。

「分からんわ〜いッ」

という人のために、さらに申します。

「敵の気と、我の気を合わせる事が、合気である」

しかしこれでも、お分かりにならない人は、

究極的な意味での“合気”とは、肉体物理的な“崩し”とは違う次元にある。ゆえに、一見しただけではヤラセに見えてしまうほどあっけない技が成立してしまうのだ。さて、その究極的な“合気”とはどんな原理によっているのか？ その答は…“低温プラズマ”にあり！

「もっと分からんわ〜ぃッ」

そこでさらに種明かしを致します。その種明かしとは、何と何と、

「低温プラズマを応用した、合気武術」

という理解です。皆様、プラズマは、

「電磁波と電磁波を、交差させた一点で発生する」

という事をご存知か。

「知らねえよッ」

という人は、今知りましたので、もう知らないとは言わないように。プラズマには色々の特性があるそうですが、未だに多くの特性が人類にとって未知であり、ほんの少ししか分かってません。

その中で、武術に応用できるのが、

「重力の正体は、プラズマである」

という知識。言い換えれば、

「二つ以上の電磁波の交差ポイントで発生したプラズマは、重力場を生ず」という発見なのです。更に、

「電磁波の交点で生じたプラズマの、交差ポイントをずら

すと、そこに発生した重力場も移動する故に、そこに物体も引っ張られて移動する」

という原理があり、一言で言えば、

「この原理の応用が本当の合気だッ」

と私は考えています。この原理を用いますとね、皆様、何人に手足を持たれても、楽々と、

「垂直上げの合気上げができるッ」

という訳なのです。私の力の不足を、

「ぜ〜んぶプラズマの重力場がカバーしてくれるッ」

という訳で、もう崩しの必要性なんてさらにない。本当の合気の会得者にとり、

「崩しの出番は零だッ」

と言い切れる。勝手に相手の体が浮くからです。さらにプラズマには、

「人間の自律神経をマヒさせるッ」

という作用もあり、何もしないのに、相手は勝手に倒れてくれる。本当に、

「八百長だッ、ヤラセだッ」

と言いたくなるような、不自然な勝ち方ができるようになる。それは人間の出す、

「気も電磁波の一種だからであるッ」

としか言いようがない。

■

第3章

相手を硬直させる法

剣術秘伝"心の一方"

プラズマの射出

気をもって破るあり
心をもって破るあり
ともに一つなり

（天狗芸術論）

本項では、

「剣術の秘伝について」

お話をします。それを一言で言えば、

「一太刀で敵を斬る技法」

であり、更に申せば、我と敵が、

「間合を取り、互いに構えた状態から互いに近づき、勝負を決す」

には非ずして、予想外の妙術、則ち、

「我と敵が、間合を取り、互いに構えた状態から、敵は一歩も身動きする事ならず、不動のまま、我に存分に討たれる」

という、かつては存在しながらも今は既に失伝した幻の技法、二階堂流の、松山主水が会得していたという、

「心《しん》の一方《いっぽう》」

という秘伝の探求である。一言でこれを言えば、

「それは合気である」

としか言い様がない。では、

「合気とは何か」

といえば文字通り

「気を合わす事である」

しかし、この説明は嘘ではないが随分と不親切に省略されて、故意に中身を隠しているとも言える。

そこで私は、

「合気とは、敵の気と、我の気を、ピンポイントの正確さで無欠に合致させる事だ」

と言っておこう。しかし失礼ながら多くの皆様は、この意味がお分かりになるまい。私も随分と長い間、分からなかったのであるから当然だ。しかし今、世の中は随分と進歩して、現代人に分かる理論で、合気の武術を分析し得る時代に突入した。それは、私の言う、

「プラズマ武術理論」

の登場である。

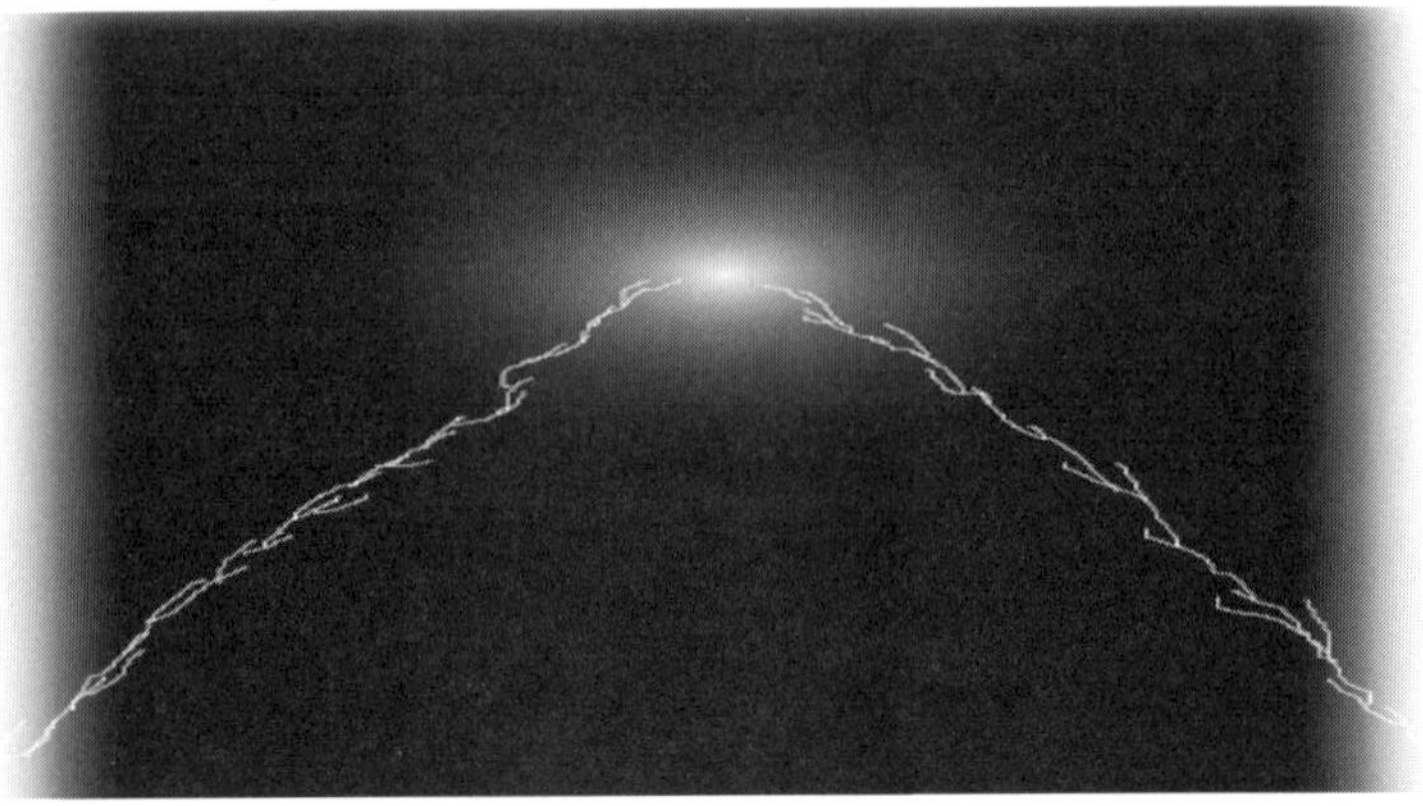

●すべての鍵はプラズマだッ！

宇宙は、光の糸に似たエネルギー・フィールドが無限に集積したものだ。

「カルロス・カスタネダ」

プラズマの学者によると、宇宙は「99・99999……パーセントまでプラズマで出来ているッ」という。この事実が太古の知の伝承者である呪術師たちの眼には、

「光の糸に似た、小さな雷のような電気的なエネルギーで宇宙ができている」

と映ったのだろう。光の糸を静電気の発光に似た小さな雷と考える時、太古の呪術師の知と、現代物理学者の知は重なる。言い換えれば、

「太古からプラズマは存在し、太古からそれを知っている者たちがいた」

という事実に気付ける。それを武術の技に応用して、そこか

ら途轍もないエネルギーや効果を、見事に抽出する事に成功した、とんでもない奴らがいたのである。

その技術力の一端が、

「合気」

なのだ。故に合気は、太古からある。例えば古事記にも、「建御雷之神《タケミカヅチノカミ》」という神が、えげつない技法で他の神をやっつける記述があり、雷、則ちプラズマを発生して相手を倒したのであろう。プラズマの発生法は、

力任せ、速さ任せの技が決まるとは限らない、という前提に立つのは剣も合気系武術も一緒。よって、まず相手を崩せねば技は為らない。上写真は第２章「合気上げの真相」で紹介した“一瞬”の崩し、と同原理によるものだが、秘伝「心の一方」においては写真のような接触状態のみならず、離隔状態でも成立する。その鍵は“プラズマ”だ。

「電磁波と電磁波を、交差させた一点に人工的に発生させる事が出来る」

という事が分かっている。そして人間の出す気や、脳から出る弱い電磁波も、

「立派な電磁波の一種だッ」

という事が分かっている。故にですね、科学的な装置を一切使わずに、素手でプラズマを発生させたければ、

「気と気を合わせる合気だッ」

則ち、術者が体の二箇所から同時に気を放出し、それをある一点で交差するように正確に合わせれば、

「頼まなくてもプラズマは発生する」

のである。それでもって敵をやっつけたい時には、

「その電磁波の交点を、敵の体の上に作れば、それだけで良いッ」

という訳だ。何故か。

「何故、手足の技が必要でないのか」

答は簡単。プラズマの特性に、

1　人間の自律神経の麻痺
2　物体の破壊や断裂
3　重力の増加、あるいは減少

といった武術的に極めて応用範囲の広い特性があり、例えば1の、人間の自律神経をほんの少しばかり私が麻痺させただけでも、その人は錐体外路神経系が一瞬に作動を止めるためか、一瞬、立っておら

れず倒れてしまう。これは、

「押したり、引いたり、捻ったり」

とは異質の、猛毒ガスの吸引に似た倒れ方である。プラズマについて、その現代兵器としての理論を知りたい人は専門書をお読み下さい。私の場合は、飛鳥昭雄先生の『ネオ・パラダイムＡＳＫ』の三十数冊の本を読みました。面白かったなあ、飛鳥先生の本！　長年の疑問が晴れました。例えば、

「漢字を作ったのは本当に中国人か」

少し前、テレビで中国の人が、

「漢字を作ったのは中国人だから日本は中国政府に漢字の使用料を払えッ」

と言ったが、飛鳥先生の本を読むと、事実はそうでない事が分かる。漢字は秦の始皇帝の時代に側近たちが作ったらしいが、その側近たちとは、東へ流れてきた古代イスラエルの知識人たちであった。故に漢字には意味と構成に、

「旧約聖書や新約聖書」

の故事を含む。ただの象形文字ではない。この事実は飛鳥先生の言われる、

「秘教カバラの秘伝、漢字分解法」

を使ってのみ、解く事が出来る。飛鳥先生の御著書の著作権に触れないように、私が分解した漢字の数例を挙げよう。そこの中国の人、よっく聞くヨロシ。

「水」はなぜこの字か。「水」は「」「」「」に分解できる。旧約聖書のノアの大洪水の時、地球「」に上からのベクトルの水「」と下からのベクトルの地殻の熱水「」

が同時噴出したからだ。「陸」もノアの洪水で、洪水後、超々巨大大陸「」が「土」「八」「土」と下から上に地殻が膨張し、八つの大陸に分かれたからだ。

「雨」もノアの洪水で、原字はおそらく「」で、「」は月、「」は地球、「|」は月と地球の重力の重なりを示し、「」は重力の重なりによる無重力の発生により月の地殻の一部が破壊された事によって地球に降った、月の内部の水を示す。「月」の原字はおそらく「」で元は「◎」だが今は一部の地殻の破壊「」と内部の空洞を示す。

次、新約聖書、行ってみるアル。「刑」これイエス様の死のゴルゴダの丘。おそらく原字は「」で「T」は古代ローマの十字架、「」は後で処刑する二人の罪人の固定丸太棒。イエス様が肩にかついだのは「一」横棒であった。

「死」も分解すれば「T」「夕」「↙」「→」でイエス様の死を示し「T」は処刑架、「夕」は死亡時刻のイスラエル時間の夕刻午後三時、「↙」は脇腹を刺した「ロンギヌスの鎗」を示し、流れた血を「→」で示せば「死」となる。

まだある。まだ百はある。しかし担当編集氏がこの原稿に文句を言って

「長過ぎるんだよおッ。漢字がよお」

というのでボツにされて書き直した。私は担当の言う事に服従するのは刑務所の中だけだと思ったが、出版社も同じらしい。最後に太極拳の発勁に使う「勁」。

これも分解すれば「巠」「力」、さらに分解すれば「」「エ」「」「」で聞いて驚

けよ、そこの太極拳の先生。「ש」はヤハウェの放つ三つの雷光を示し、「ה」は「ד」「ו」で十字架が一点で立つのを示し、「י」「ה」の原字はおそらく「י」「ה」で、これはヘブライ文字で「ヤ」「ハ」……絶対神ヤハウェを略して示すもの。故に本来の勁は、「絶対神ヤハウェの三つの雷の集中」を意味し、プラズマ理論で言えば、

「術者の放つ三つの気を、一点に集めた時に生じる、神の怒りのようなプラズマの炸裂力が、勁であるッ」

と言える。プラズマの威力は多岐に渡るが、まずは剣をもって証明しよう。

「心の一方」における構えは、斬り掛かる"準備段階"ではない。構えの時点で"狙い""照射"が同時に行われ、これによって相手の思考力と動作を凍結させる。

●構えに隠された効果

「心の一方」は構えにおいてプラズマを発す技法だ。しかしこの技法に縁のない剣術家は構えの威力を知らず、勝負において、「ただ、構えるだけ」

という過ちを犯し、構えずにいきなり突進して勝負を決すタイプの人々から、

「馬鹿がのんきに構えおって」

と失笑を買いやすいが、そうではない。「心の一方」は、構えの段階で早くもプラズマを敵に照射し、敵の自律神経系を麻痺させて一瞬、

「敵の思考力と動作を凍結させるッ」

という秘術だ。これに最も似るのが、

「拳銃による至近距離からの一発」

である。則ち、拳銃射撃のプロが、

「構えと、狙いと、実弾の発射」

が一つの動作であるように「心の一方」も、構えと、狙いと、プラズマの放射が一つの動作で一瞬なのである。故に、

「動作を止めた敵に一太刀入れる」

というのは、付け足しに過ぎず主力はあくまでも、構えそのものにあるのだ。

●気の射出について

プラズマにはいろいろと種類があって、数千度の高温プラズマから体温ほどの低温プラズマまでいろいろあるが、私が使えるのは、人を黒コゲにはできない、

「低温プラズマ」

である。これは体の任意の二点から、

「気を出すこと」

によって生じさせる事ができるが、初心者には何たることか「気を出す」という日本語がどうしても理解できない。気が無形のものだからであろう。しかし無形のものは、有形のものを代用するとわかりやすい。まずは中国武術でいう、

「蓄と勁」

について述べる。サイフの金と同じで気や力も、溜めないと出せないからだ。まず、蓄勁や蓄気。これは正中心と手足が安定していけば良い。これは水平に置かれた容器に、水を満杯にしやすいのに似る。無振動が優先され、故に、

「ジルバを踊りながら蓄気する」

な〜〜んて馬鹿な事をやらないように。人間は絶食しない限り、無振動に近付けば自動的に蓄気されるのだ。次に、

「気を出すこと」

について言えば、蓄気の逆、則ち、

「正中心や手足を強く振動させるッ」

これをやれば良い。これは水を満杯にした容器を強く振動させれば、嫌でも容器から水が飛び出すのに似ている。ここで重要なのは、その水が、

「動く敵の体に当たるか、否か」

正中心と手足を完全安定させる事によって体には自然に蓄気される。あたかも水平に静止安定させたコップに水が満ちるごとく。

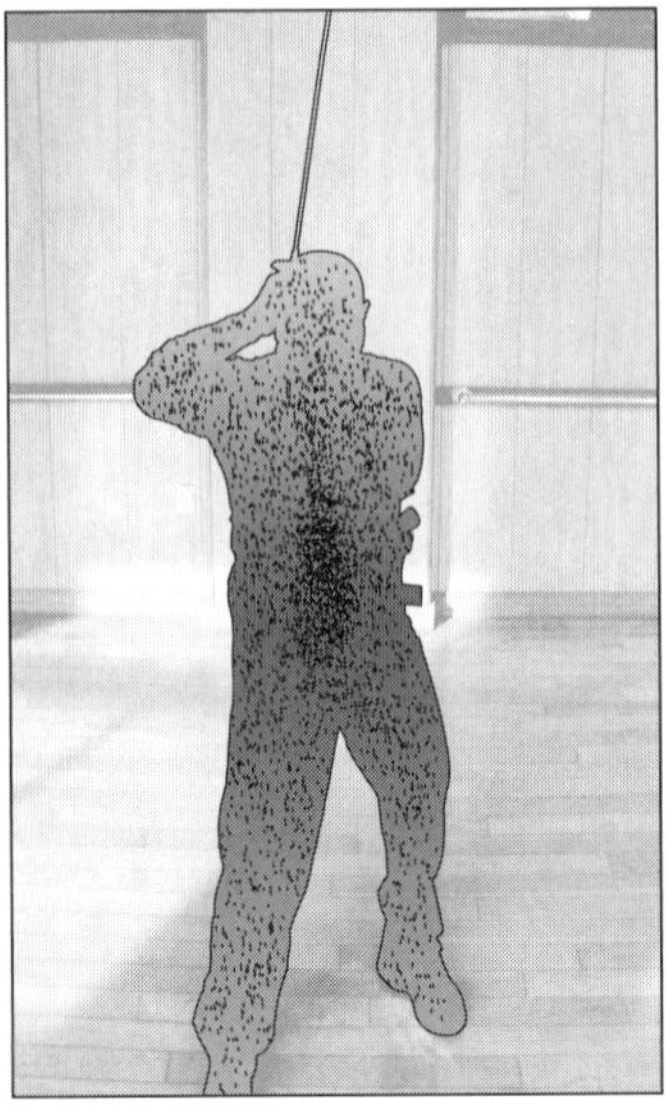

蓄えられた気は、正中心や手足を強く振動させる事によって放出される。各部位それぞれを同方向に回転させるような要領で、放出方向を統一制御する。

である。そこで術者は拳銃の動的射撃の要領で、動く標的を捕捉する能力が、ある段階までは必要となる。最終段階においては、ある原理を用いるゆえに正確な狙いは不要となる。が、その原理に気付くまでは、正確な気の射撃能力は必要だ。それは「フリンチング」という拳銃の銃口を敵の移動に同調させて、銃口を鋭く振りながら射撃して命中させる技術に似る。この時、射手は鋭角に体を振るゆえに、射撃のタイミングは必ず、左右の足のいずれかに掛かっている体重が離れんとするその、

「直前において」

発射される。則ち気の射出は、急激な体移動によって発生する何Gかの荷重や、運動エネルギーをすべて、術者の気に加算して、射出するのである。さて最後に、最大の難関である、

「狙い」

について述べれば、心の一方は、

「術者の眼、丹田、指先、足、肩肘」等、複数の場所から同時に放たれた気が、敵の体の一点に照射されるのだが、初心者は必ずこの疑問を抱くものだ。

「見えない気を、どう視認するのか」

言い換えれば、

「見えない気が当たったかどうかなんて、わしゃ、分からんッ。責任者を出せッ！」

という訳だ。おそらく「心の一方」が失伝した理由も、ここにあり。常識で考えて、

「それを知ることは、まず不可能」

である。これは不可視の銃弾を一点に集弾させよ、という無理難題に似る。これを解決する手段は呪

「心の一方」初段階においては、自由に動く相手に放射した気を的中させるための技術が必要。体を振りながらでなく、体重移動の〝直前〟（写真②）に放射する〝タイミング〟の要領を得る事。結果として、体重移動による〝G〟が気に加算される。

〝気〟は目には見えぬもの。では、目に見えぬものを「照射」「的中」などと語るは果たしてナンセンスか？　その答は深層意識の深奥にこそある。考えていても見えてはこないが、実際に向かい合った瞬間、〝その瞬間〟にしか見えないものが見えてくる。

術師の言う、

「深層意識の最奥、沈黙の知の領域」

にあり、それが解答を苦もなく出す。その意識領域の特性を一つ述べれば、

「熟睡状態」

で、それ自身に考える機能はないが、物事のすべての答えを知る「心の一方」の術者は、しばしその領域に参入し、

「心の一部を侵すこと」

でその答を、〝考えることなく〟得る。

それは外界の観察や思考の中になく、

「その人の内界の最奥が知っている」

とだけ言っておこう。最後に、

「気を出す瞬間の長さ、について」

これは一瞬で良く、一度発射した銃の引き金に力を加え続けるのは無駄なのに似る。

■

1／無限小の理論

原因体は、認識の本源、則ち一切の束縛を破壊する英知と関連しており、その存在状態は、熟睡です。

「プラシュノーッタラ・ヴァヒニ」

敵を不動金縛り状態にして斬る秘術、

「心の一方」

について更にお話しします。その技法は、

「最も古典的な意味での合気の技法」

であり、合気の定義とは、私の知る所、

「術者の二つ以上の体部から放たれた気や電磁波を、敵の体の一点に集中して照射すること」

この二点以上の気の照射を一点に正確に交差させる技を、合気をかけるというが、その効果の一端を述べれば、
・人体の自律神経の麻痺
・物体の破壊や断裂
・重力の増加や減少

・記憶や戦意の喪失

等、武術的に見て、

「非常～にオ・イ・シ・イッ♥」

としかいいようがない効果を持つ。故に私もいい年こいて「♥」のマークなど用いて一人興奮しておるのだが、残念な事に多くの人はこの快感が分からず、

「実技としての二点以上の気の射出とその一点交差の技法」

が皆目、分からない。それ以前の問題の

「初心者が気を出すにはどうするか」

については前項で述べた。

「正中線を静止させ、気を溜める事」

則ち、中国武術で言う蓄勁、

「0・01秒の瞬間的な静止蓄勁」

の段階を経た後、次に、

「内勁による0・0001秒の発勁」

則ち、正中心の急激な旋回、歩幅を基準にした直線的な体移動、足指を旋回させながらの捻り込み、小胸筋と肋骨の圧縮強震、等を利用して、容器に蓄えた水を一気に敵に浴びせるような気の射出を行うのだが、大切なのはそれが、

「敵の体の一点で交差するように」

蓄勁と発勁

まず、正中心を静止させた状態で蓄勁。溜めた気（勁）を、〝正中心の急激な旋回〟、〝歩幅を基準にした直線的な体移動〟等の併用操作によって一気に射出しながら打ち込むと、重量サンドバッグが思いの外大きく弾け跳ぶ。これは、見かけ上の物理的な力以上のエネルギーが伝わっている証拠。相手が人間の場合、２系統射出を相手内の一点で交差させるように行う事により、自律神経麻痺等の一時的機能凍結を起こさせる。これが〝心の一方〟の第一原理。

気を射出するのです。初心者にこんな説明をしても、まずお分かり頂けない。必要な知識が欠けているからである。

そこでまずは武術に使う、実用的な「気の性質について」お話ししよう。これを一言で言えば、

「極小にして極細の気の優秀性」

の話で、逆は武術として用を為さない。皆様の中には、宇宙戦艦ヤマトの波動砲やかめはめ波などを連想されて、

「男やったら太く短くド〜ンッといったらんかいッ」

という豪気な気を好む人がいるかもしれないが気や力を支配する原理は何と、

「宇宙の女性原理」

であり、男性原理ではない。そこで、

「気にまつわる女性原理」

のお話をしよう。といっても、そこの貴方、いい年こいて私が、

「女装の趣味があるのでは」

とか思わないでね。カルーセル近藤や近藤ピーコのお話ではございません。

私、女装には懲りるどころかトラウマで、というのも以前、酒に酔った勢いで、某所である美人にそそのかされ、顔に女性用の御化粧や口紅をしてもらったのが地獄の入口。完成した美顔を、

「さあ、できたわよッ」

と言われ鏡で見てのけ反ったぞなッ。

そこに映るは美女にはほど遠い、白塗り口紅の妖怪であり、思わず女に、

「お前、円谷プロのメイク屋かいッ」

と怒鳴ったが特撮映画の怪獣でもここまでおぞましいのは珍しい、そこには、

「二目と見られぬ下ぶくれ顔の、女にも人類にも見えない白塗りのブス」

が笑っており、これで太極拳を踊ったら誰が見ても立派な暗黒舞踏である。

「オレは白虎社じゃねえぞおッ」

平安時代の舞子でもここまでひどい不美人はおらんだろう。私はこれでも内心、

「どんな美人に映るのかなドキドキ」

と厚かましくも期待していたのだが、マイク・タイソンに殴られた位のダメージが、鏡よ鏡よ鏡さんの中から出て来やがったのである。こんなモノを見る位なら家に帰って一人で心霊写真のＤＶＤでも見ていた方が良かっただ。

●力の女性原理の数式

ここで「心の一方」に必要な知識、「気を支配する女性原理について」の数式をごく簡単にご紹介しておく。といっても別に難しい代物ではございませんから、そこの算数の嫌いなお父さんも安心して見て下さい。私も算数は大の苦手で自慢じゃありませんが、分数までしか分かりませんわいッ。まず、

$$\begin{array}{r}1\\1\overline{)\,1}\end{array}$$

1を1で割ると1である。しかし、

$$\begin{array}{r}10\\0.1\overline{)\,1}\end{array}$$

1を0・1で割ると、10になる。これお分かり頂けますか。凄いでしょッ。

$$\begin{array}{r}1000\\ 0.001\overline{)\,1}\end{array}$$

さらに、1を千分の1で割ると、ど〜んと千になってしまう。最終的には

$$\begin{array}{r}\infty\\ 無限小\overline{)\,1}\end{array}$$

という訳で最終的に、1を無限小で割れば、その答は元が1のくせに生意気にも計算上は、

「無限大になってしまう」

この一大原理に気付いた私は、もちろん、素早い武術家の反応として、手持ちの一万円札を細かく破いて百万円にしようとしたが、何がどう欠落したのか、理論的には水も洩らさぬ鉄壁のはずが、どういう訳か不成功であった。何が気に入らないのか、一万円札の細片は一向に自己増殖しない。私の予想は、

「お札の細片が遊星からの物体Xのごとく、ゴニョゴニョと自己増殖をする」

という予想であったがそれが1ミリも動かない。武術の秘伝以上に不思議だ。

「そんな事で恥ずかしくないのか一万円ッ、生めよ殖やせよ地に満てよッ」

と怒っても動かない。何か途轍もない呪いが作用しているのか。長時間考え続けた結論を言えば、多分このお札は寿命が尽きたのであろう。生きていればプラナリアのごとく分裂増殖するはずだ。

「死んでる札を使わせていいのか日本銀行ッ、生きた札を私によこせッ」

生物学的に生きた札を持っている人はぜひその結果をお知らせ下さいませ。

では、お札を百倍にするのは諦めて、

「小さな1の力を百万倍にする方法」について詰まらないけど考えてみましょ。

理論的には、つつましい女性のように、

「単位面積を無限小に近付ければ近付けるほど、それに加わる1の力は、たとえ小さくとも結果として無限大になる」

$$\begin{array}{r}\infty \\ \text{無限小}\overline{)\,1}\end{array}$$

というお話で、例えば1キログラムの力で鉄棒を人体に押し付けても、何のダメージもないが、注射針を押し付ければ同じ力でも人体を容易に、貫く。この辺りの用気法の術理が太極拳の、

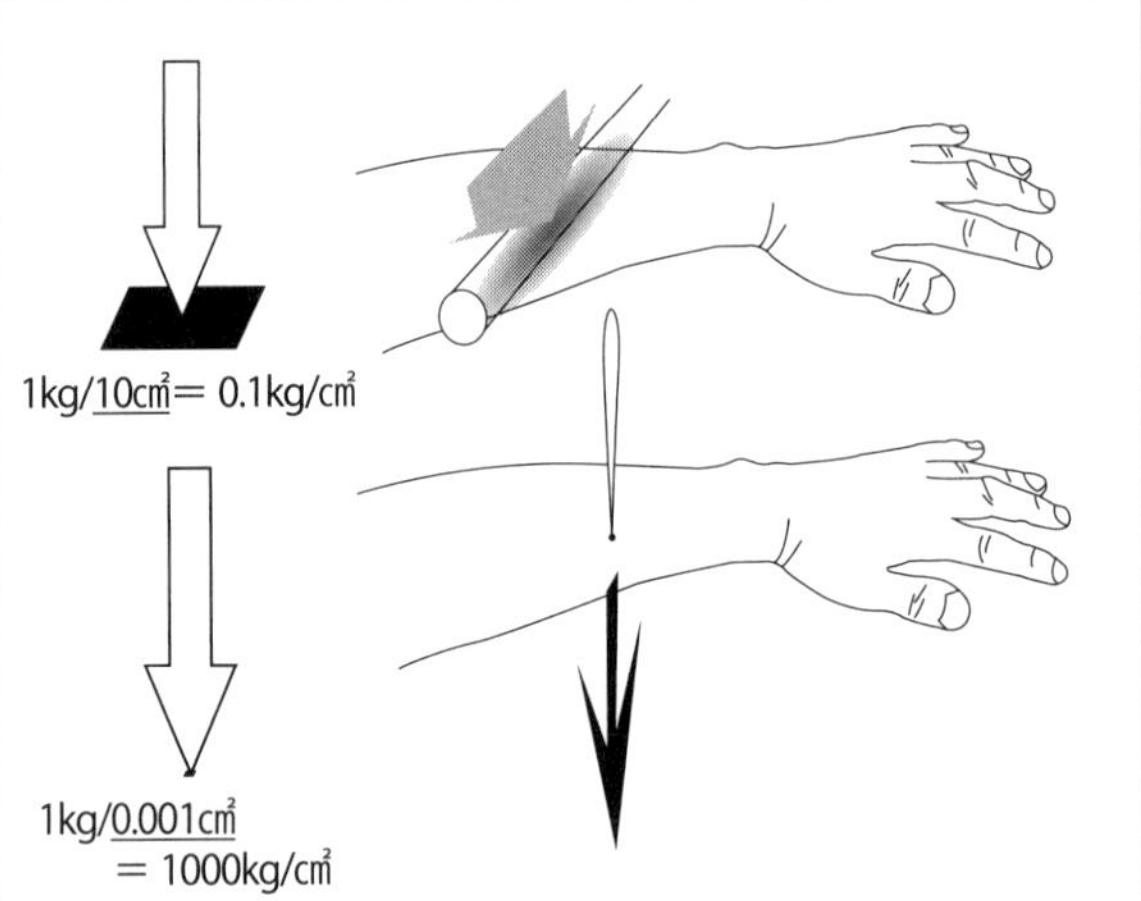

鉄棒を1kg の力で腕に押し付ける。接触面積を 10㎠と仮定して試算すると、単位面積（1㎠）当たりの力の大きさは 0.1kg（毎㎠）。ところが、接触面積を針の先のようなごく小さな“点”(0.001㎠と仮定）として試算すれば、単位面積当たりの力の大きさは 1000kg（＝1トン！）にも達してしまう。作用力を大きくするため、力の総量を増大するのでなく、作用面積を極小にしていく。これが「力の女性原理」だ。

「綿中蔵針」

の術理に繋がるのだが、これも元を正せば単純な数式の応用であり、秘伝と言われる勁力の秘密の一端を述べれば、すでに説明した通り、

「その技、あるいは気の用法において術者は、その用いる所の接触面、あるいは、気の射出口を、無限小に意図して限りなく零または点に近付ける所に、巧まずして自ずから威力が生ず」

という事なのです。故に武術の秘伝を探求し、滅茶苦茶な手荒い修行のプロセスを自分の都合で勝手に飛び級し、

「できれば楽して強くなりてえよッ」

という私みたいな人は、どうしても、

・点の技法
・無限小の技法
・零の技法

のいずれかを会得する必要が、ある。

一般に流通しているような、

「ベタ持ちの、面積のある技法」

や、あるいは、

「体積と体積がぶつかり合う技法」

では、敵と我の境に発生する単位面積があまりにも大き過ぎ、ゆえに、単位面積に加わる技法の荷重

が、小さく分散されて、痛くもカユくもない技、

「一切の技が中途半端に終わるッ」

という悪い結果を脱し得ないのです。

という訳で、修行者が会得すべきは、

「点の技」

これに尽きる。尽きるのだが、武術の初心者には、この、

「点」

という概念がわからない。まッ、それは当然で、仕方がないと言えるのです、なぜならば、数学的に申しますとね、
・点は零次元
・線は一次元
・面は二次元
であり、点は場所だけの一点が存在するだけで、面積や形を持たない不可視の存在だからです。ゆえに算数の先生が黒板に白墨で印を付けて、

「この点とこの点を結ぶ線は」

等と言うのは、厳密に言えば教えるための方便で実際には、点も線も、面積がないのだから表現のしようがなく、ゆえに黒板に書いたりはできない。要するに本当は、点も線も三次元の物質として存在しない。存在するのは、数学者の頭の中だけにある、計算の世界でのみ存在しそれは、

「物体の中心点や、正中線」といった類の、存在するが誰も触れぬ仮想現実の世界の中にのみ存在する。これは「心の一方」における、電磁波と電磁波の一点交差も同じ事で、不可視の二つの電磁波を交差させようにも、「見えないから、どこへ飛んで行ったのか皆目分からんし、わしゃ知らんッ」

“面”の技法から“点”の技法へ

鉄棒を接触させた“鍔迫り合い”のような形での押し込み合い。棒と棒故に接触面積は変えられないようにも思えるがさにあらず。まずは意識の上から作用点を凝縮させていくと、総量は変わらずとも、あたかも針で突き刺すような抗い難く受け止め難い質の力に変化させる事が出来る。これは、同じ力の大きさにもかかわらず相手が体勢を崩してしまう現象として確認出来る。意識だけで変わる訳ではなく、意識を変える事によって身体全体の遣いが変わってくる。ここが重要。

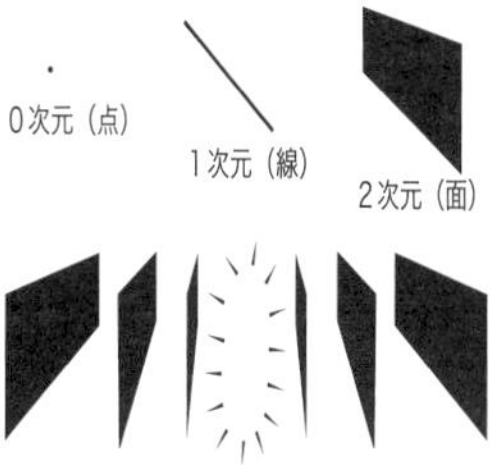

各次元の説明において左のように図示するのは、いわば便宜上の表現。真の０次元は面積を持たぬほどの極微、１次元は太さを持たぬほどの極細、２次元は厚みをまったく持たぬ平面ゆえ、面とはいえ、ある角度からはまったく見えなくなる存在。見えなくとも理論的には確かに存在するものを無視しては、我々の世界は説明がつかないのだ。

ゆえに当然の事ながら、

「交差させて一点に集めたくてもできないし、できたか否かもわからない」

という不可能の壁に陥りやすい。その壁の不可能性を打破するのが、人間の持つ潜在能力。呪術師の言う、

「沈黙の知の領域」

なのである。それは、その人の、個人的な表層意識の奥の奥の内界、に存在し、その性質の一つを述べれば、

「熟睡状態」

である。皆様の平凡なお考えでは、

「熟睡して物事が分かれば苦労せんわ」

というであろうが、そうではないよ。秘術の世界は、平凡な世界ではない。

『平凡な人による、平凡な人のための、平凡な技の世界」

そんな間抜けな世界に私は用はない。秘術の世界とは、言うならば異界だ。その異界に参入して、そこから通常の努力では考えも及ばぬ、不思議な効果を手に入れたければ、イエス様の教えではないが、
貧しき者は幸いなりで、

「富者が天国に入るは、ラクダが針穴を通るよりもなお、難しい」

則ち、その人が努力して得た一切のもの、世俗の知恵や知識や外界に向けられた感覚や分析能力、それら一切を、

「術の世界に入るために眠らせてしまう」

という、自己放棄のプロセスが必要だ。己の持てる能力を、深く放棄し、心の一部を深く熟睡させる。その性質は、

「熟睡がもたらす平安」

である。その時、何たる不思議か、己の考えを眠らせた時に、己以外のある存在から、思考のプロセスを抜きに、いきなり最終解答が、

「パッ」

と脳裏に閃くのだ。数学で言えば計算なしに、いきなり答が閃くのに似る。

そのような、いうなれば他力本願的な、

「一方的に与えられる啓示の力」

によってのみ、見えざる気や電磁波を既知の技法として、扱えるのである。

随分と難しい話をしましたが、

「秘術の世界とはいかなるものか」

少しはおわかりいただけたと存じます。それは個人的な能力の上にある世界であり同時にそれは、自己の既得の能力を放棄しなければ、本当の所が空っきし分からない、難儀な世界でもある。ゆえに、

「何でもかんでも既得権を主張するタイプの人」

は、その世界の住人にはなれないし、

「なりたい」

とも思わんだろう。それで良いのだ。

●自修法について

「心の一方」

自修法“ハサミ合わせ”

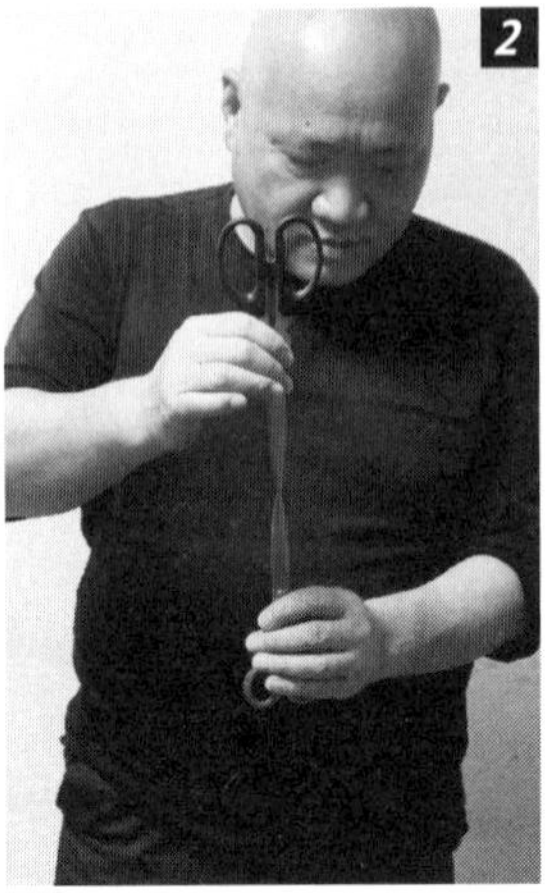

少し離して持った2つのハサミの先端を一気にカチッと合わせて止める。接触面はもはや〝点〟なので、目視調整では間に合わない。〝心の一方〟には、2系統の見えない〝気〟の先端を合わせる技術が必要。技術とは言いながらもそれを成立させるのはこのような修練で研ぎ澄まされる〝感覚〟なのだ。実行される際は手に突き刺さないよう細心のご注意を。

最後にごく初歩的な自修法について、述べる。人間の技術で行う低温プラズマの発生法には、術者の、「研ぎ澄まされた感覚」が必要であり、これがないと二つの気のビームが交差しない。則ち何より、

「0・0001ミリの正確さ」

が技に要求される。そこで初心者には、

例えば、

「鋭い刃物の先端を合わせるような訓練」

「二つのハサミの先端を一気に合わせる」

あるいはまた、

「細〜い針穴に素早く糸を通す」

というような稽古をすすめたい。大切な事はいずれの場合も、

「一瞬の早技で行える事」

尖った金属の先端には物質的な面積がほとんどない。それを、一瞬に見事に合致させる能力を磨く事が、そのまま不可視の二つの気の先端を合致させる能力へと結実するのであります。■

第4章

知られざる奇跡の身法

太極拳の探究

初動を消す法

「神は人間に謎かけばかりしている。神の神秘は無限だ。

もしこの謎が解けたら、それは濡《ぬ》れずに水から出るような奇跡といってよいだろう。」

（ドストエフスキイ）

●起源の謎

「中国なんて大嫌いだッ」

という人のために、本章では、

「イスラエル式太極拳」

の話をしよう。といってもその中身は、

「陳家太極拳の研究」

なのだが、なんで陳家がイスラエルなのか。実は太極拳の起源については、専門家もまったくわかっておらず、

「どこの国の、誰が、いつの時代にこの武術を創ったのか」

についての正確な答は誰も知らないと、松田隆智先生の御著書にもある。私は三十年以上前、本場の中国においてさえ、普通の一般ピープルには、

「一生かかっても、まず伝授される機会を得る事はないだろう」

というほどの太極拳の秘伝を、この日本で伝授される幸運を得た。

私の師匠は、類稀なる明晰な頭脳を持っておられたが、不幸な事に弟子の私の頭脳が当時、百グラム30円ほどの並以下の粗悪品であったがために、肝腎の急処が、何度教えられましてもど〜しても理解できず、それを再現するには、全く別方向からの三十年以上に渡る探求の蓄積を、必要とした。本項で皆様にお話しするのは、そんな、

「全く別の方向から見た太極拳」

の秘伝のお話であり、さらに言えば、

「中国武術家の知る理論とは全く別」

の技法の紹介でもある。私の脳ミソも三十年前に比べれば、少しはマシだ。恐らく百グラム80円くらいには値上がりしているはずだ（当社比）。その脳ミソで、太極拳の謎の分野に迫ってみよう。

さて、太極拳のルーツのお話である。

「太極拳は、どこの誰によって、いつの時代に創られたか、わかってない」

という事は、

「どこの国の人間が創ったのか、わかっていない」

という事であり、ゆえにここに、

「太極拳は、中国人以外の民族の人間の手によって創られたのではないか」

という可能性が浮上する。私の推論を一言で言えば、それは、

「古代のイスラエル人ではないか」

その理由はい〜っぱいあるが、いくつか挙げれば、陳家太極拳の伝承の地、

「河南省、陳家溝」

という地名だ。インドの聖者いわく、

「物事の本質を知りたければ、名前、名称（ネーミング）を探求せよ」

そこで私はこのように推理する。三千年の昔、モーゼがイスラエル十二支族を引き連れてエジプトを出た後、神が与えた「約束の地、カナン」を求めて流浪の旅をするイスラエル人たちの中で、本隊と別れて別行動をとった人々がいて、その人々の一部が恐らく、中国の美人に惚れたのであろう。地縛霊のように中国の地方に定住し、その場所を、

「カナンの地になぞらえて、河南」

としたのではないか。則ちこれは、

「河南省の中国人の何パーセントかは古代イスラエル人の血を引く者たちではないか」

という推理だ。失礼ながら、

「本当カナン？」

という人は中国美人の魅力を知らない不幸な人々である。恥ずかしながら私の場合、嫌というほど知っ

ているのだ。とくにいい加減に流浪の旅に嫌気がさした時「約束の地、カナン」を堅苦しく一箇所に考える必要もなかったのではないか。「住めば都」であり、例えば、私の場合など夜中に電話して、

「な〜〜ッ、頼むから今から泊りに行っていいカナン？」

と美人に言って、

「うっふんッ♡いいわよ〜〜んッ♡」

とＯＫが出たら、そこがカナンの地だ。

ま、こういうノリで古代イスラエル人の一部が、美人が一杯いる中国の地方に定住し、太極拳の源流となる武術を教えたのではないか、と思う訳です。

あるいはまた、

「陳家太極拳は、古くは、秦家太極拳と書かれていたのではないか」

という推理。「陳」も「秦」も中国語の発音は、いずれも「チン」である。

中国では発音が同じであれば、別の字で代用する事はさほど珍しくない。例えば、寸勁の一種の「零勁」は「冷勁」とも書くが、その発音は同じ「リンゲン」である。

「陳家太極拳」を「秦家太極拳」と考える時、飛鳥昭雄先生の愛読者としましては「秦家」の人々が則ち「秦氏」の一族であり、「秦氏」の正体が実は、

「中国に移住してきたイスラエル人キリスト教徒の集団であった」

という知識を持つため、どうしても、

「イスラエル人が太極拳を創ったのではないか」

となってしまう。一人で相手なしに行う太極拳の奇妙な型も、その昔、ユダヤ人ヤコブがある日、いかなる理由か、見えざる神に戦いを挑まれ、一昼夜戦いぬき、その武芸を神が賞賛されて、

「以後は、神に打ち勝つ者という意味で、イスラエルと名乗るがよい」

という故事を連想させる。太極拳の型は、神様相手の一人相撲かもしれない。

●太極拳の技とキッベール

武術の一人型は数多いが、太極拳の型ほど飛び抜けて異彩を放つものは少ないであろう。本当の本物の太極拳は、

「その動作の質において、他に類似品を見つける事は、まず不可能である」

本物の型をド素人が再現できないその不可能性の理由は、本物の太極拳が、

「古代イスラエルの神秘思想、キッベール（カバラ）の秘儀」

をその土台に据えているからである。

今回、皆様の知的好奇心にアピールするために、私が太極拳において、

「これぞ最大の秘伝であるッ」

と信ずる身法を一つだけご紹介する。

●第一勢・金剛搗碓

陳家太極拳第一勢「金剛搗碓」を、

「ま〜るで知らんッ」

という人は、本書の読者には少ないだろう。則ち、右足で大地を思い切り音を立てて踏みしめる動作である。私が学んだ「新架式」と呼ばれる型には、実は、この前にある動作をしなければならない。それは身体を棒のように硬直させながら、与作が切り倒した木のごとく、

「前方に一気に倒れ込みながら、左足を一歩踏み出す」

という動作だ。この時、北島三郎の、

「ヘイヘイホ〜ッ」

を歌うとギャグの世界に突入するが、なぜ、こんな動作を必要とするのか、空手の世界ではこれを、「倒木法」あるいは「倒地法」

陳家太極拳第一勢「金剛搗碓」の動作。右足で強く地面を踏みしめる。

と呼ぶが、私はこの「倒木法」が大嫌いで、私が演武したＤＶＤにはわざとこれを除外して省略している。理由は、

「そんなモノは非実戦的だから」

である。身体を「倒れる木」のごとく、自然落下の速度に任せる時、これは完全に倒れきる前に、一秒はかかる。一秒ありますとね、鍛えた人は５発は打てる。鍛えてない人でも三発は打てる。私としては師伝に逆らってでも、

「そんな悠長な事、やってられない」

のであった。しかし結論から言えば、「師伝が正しく、間違いは私」であった。「倒木法」こそは秘伝中の秘伝であった。ただね、本当の「倒木法」は型の動作とは大いに違って、

「倒れる方向が逆ッ」

なんですわ。この意味はまずお分かり頂けないであろう。これを知るためには、古代イスラエルの秘教的秘儀、

「キッベール（カバラ）」

のうちでも、最も難解な秘儀、

「鏡像反転」

の理法をもってこれを解読するほかない。

何度も言うが、私の知り得た太極拳は、

「古代イスラエル武術の太極拳」

なのだ。陰陽五行説も「キッベール」の一分野に過ぎない。では奥深～い「キッベール」の世界へ参入しよう。

●鏡像反転

さて「鏡像反転」とは何か。それは、

「垂直に立てた鏡に映る世界」

のようなもので、そこでは、

「すべての左右が逆になるッ」

分かり難い人は実際に、鏡に映した文字を見て下さい。左右が逆になっているとともに、似てはいるが異なる、

「鏡の内側の世界と、外側の世界」

の違いを知る事ができる。肝腎なのは、

「鏡に映る、内側の世界があるッ」

という事だ。太極拳の秘伝とはまさに、

「人間の持つ身体の、内側にあるッ」

のだ。太極拳の「型」を考える時、先覚者はそこに、何を盛り込んだか。それは「型」そのものではない。実は、

「動作によってしか象徴されない奥深い武術の本当の技や、知識や、術理」

これを武術の型というモノに、

「象徴として暗号化し、記号化した」のである。ゆえに古式の型の伝承者としての我々は、型をそのままの形で認識して、その実戦性を論ずるのではなく、

「暗号化され、象徴化された型の本来の意味を、暗号解読して理解する」

という、軍隊の暗号解読者に似た知的作業が不可欠とされる。則ち太極拳の長ぁ〜い「型」の実体を何かに例えれば、

「膨大な知識を盛り込んだ、分厚うい古代文字の古文書のごときもの」

と言える。この古文書は古代文字を知る人のみが解読できる。その古代アルファベットの一つが、キッベールの、

「鏡像反転」

と呼ばれる、外界と内界を逆転させ、

「内界の逆方向に向かうのが正しいッ」

という「型」の解読法なのである。

●秘伝「倒木法」

結論に入る。陳家太極拳においては、

「前に一歩、足を踏み出す時ッ」

ド素人の一般ピープルが行うように、

「ごく普通に一歩出る」

というがごとき間抜けな動作はしない。

「必ず、頭から内界の入口である正中心に向かって、飛び込む」

これを行う。足が一歩出るのは、その後である。何のためにこうするのか。

「身体の起動抵抗を破壊するため」

起動抵抗とは、物体を動かす時、物体と接地面に生ずる摩擦力をいうが、これは単に足裏と大地の接地面のみならず、骨格を含む内臓や筋肉にも生ず。

武術の勝負とは、

「初動の早い方が勝つッ」

これ、常識。初動の遅〜い人は、

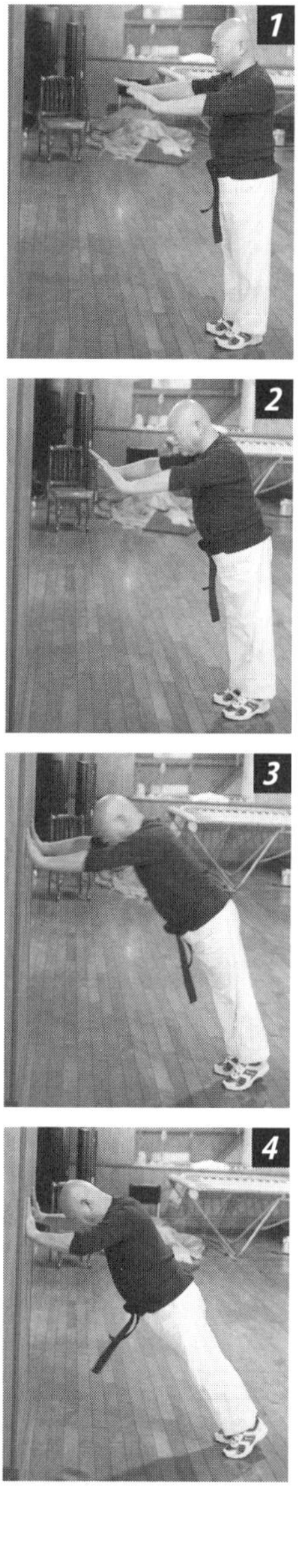

「倒木法」の原動力となるのは、前に倒れ込む力。しかし、実際に前方へ倒れ込む動作を行ってみると、十分な加速が得られるまでには思いの外時間がかかる事がわかる。

初動が消える!? 内界へ倒れ込む“倒木法”の妙

実践上の「内界へ倒れ込む操作（２コマ目）」はごくわずか。これだけで初動が消え、突然目前に現れるような突きとなる。

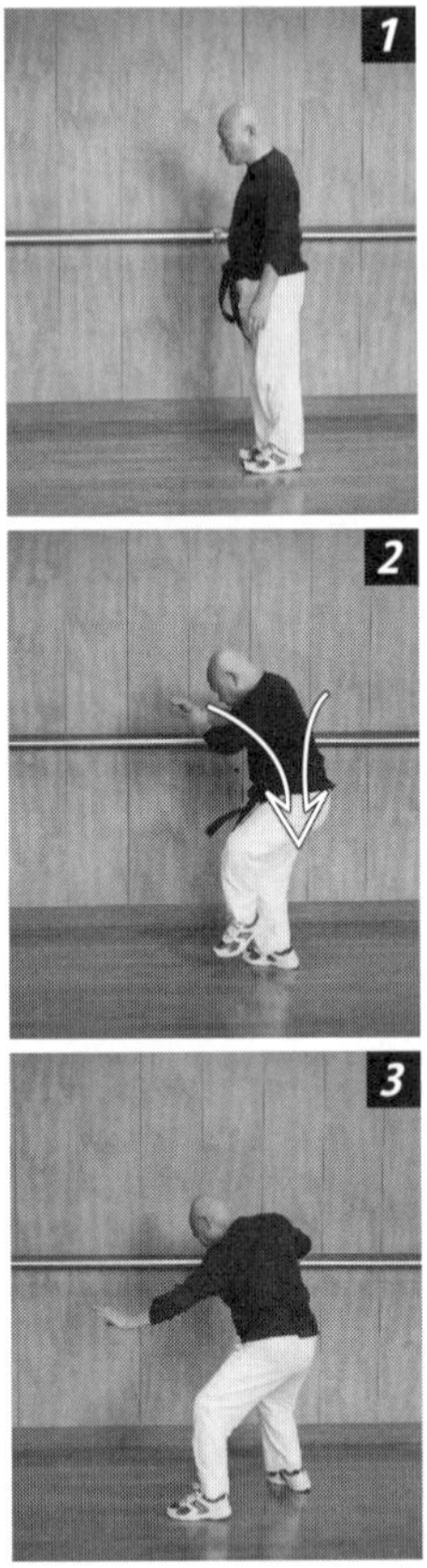

“倒木法”による踏み出し動作での「内界へ倒れ込む操作（２コマ目）」をわかりやすく行ったもの。倒れ込み操作によって接地面との摩擦や身体各部位の相互摩擦（負荷）がキャンセルされ、まるで“コマ落とし”のように見えるほど、突然に踏み出たような動きになる。

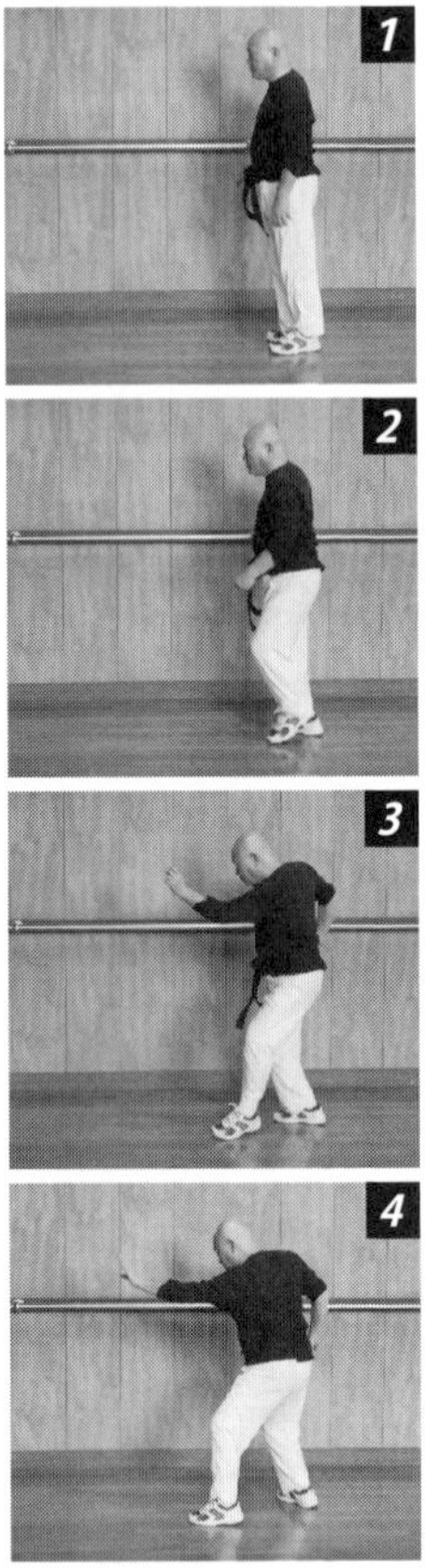

一般的な踏み出し動作。前へ踏み出すために片足を上げ、重心を前へ運ぶために後ろ足を蹴る。この“～のために”の部分が動作の予兆となって顕れてしまう。

「起動抵抗の破壊の技法が下手な人」

とも言える。起動抵抗は誰にも生じ、なおかつそれは目に見えない。その不可視の起動抵抗を破壊し得る武器として、

「内界の丹田に頭から飛び込むときに生じる、不可視の振動波」

を用いる。これが本当の勝負に役立つ、

「内界への倒木法」

である。しかし、内界を知らない人に、

「内界へ飛び込めッ」

と言っても訳がわからんし、正中心を知らない人に、

「頭から正中心に飛び込めッ」

これも訳がわからない。せいぜいの処、

「前方の一点に飛び込む距離を、数センチずつ後方に移動して、自分の身体の奥に近付けて導く」

これ位しかできないだろう。それゆえ、ここにどうしても必要となるものが、

「実際に会得した者によって行われる実技や、手本や見本」

である。この会得者は、

「物質界の起動抵抗の、しつこい力」

をある段階の力で、破壊し制御する能力を持つ。ゆえに数人の敵から同時に攻撃されても、そんなの平〜気。

ただ腰を落として踏ん張っても、真後ろから強い力で押されれば、前方へ突き飛ばされてしまうが……

押される直前に“内界へ倒れ込む”すなわち全体重を正中心に向けて落とし込む。これによって全体重が慣性力（その場に居続けようとする力）として働き、揺らがなくなる。

「絶〜〜対に当たったりしないッ」

また、物質界の起動抵抗や、柔術系統の技には必ず付き物の、敵と我との接触面に生じる、不愉快極まる摩擦力を、

「一瞬で破壊し得る能力」

をも持つために、皆様もご存知の柔術の、

「技が引っ掛かって、かからないッ」

という段階も、めでたい事に、

「やっとの思いで卒業しているッ」

言い換えれば、世にいう処の、

「合気と同質のものを会得している」

と言ってよいと思う。

●会得法

さて、「秘伝・倒木法」、その内的な会得法の一つを正中心での、

「５つのベクトルの交差、五尖相照」としてご紹介する。

1　頭頂と正中心を結ぶ線（倒木法）
2　右手と正中心を結ぶ線
3　左手と正中心を結ぶ線
4　２の延長線の腰と正中心を結ぶ線
5　３の延長線の腰と正中心を結ぶ線

倒木法（内界への倒れ込み）会得法

1：頭頂と正中心を結ぶ線、2：右手と正中心を結ぶ線、3：左手と正中心を結ぶ線、4：2の延長線の腰と正中心を結ぶ線、5：3の延長線と正中心を結ぶ線、の5つのベクトルを同時に意識し、ピタリと〝一点〟に集中させる。そこを〝落下点〟とし、全身の力を抜いて倒れ込むのだ。

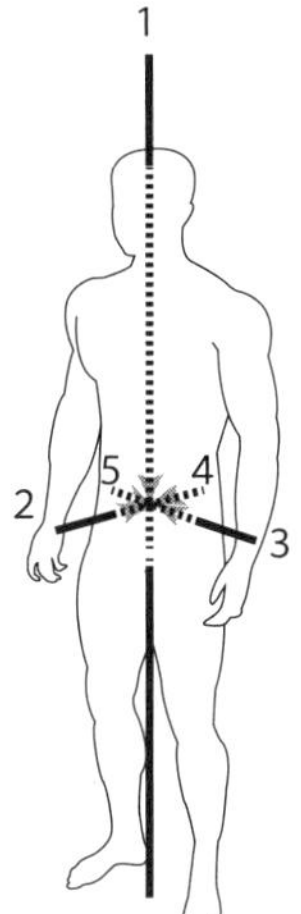

以上の５つのベクトルが、

「術者の正中心でピタリと合う時」

物質界の摩擦力を破壊する波動が生ず。見えざるベクトルは見えざる気だ。

「５つの気の先端が合うから合気だ」

そうご理解いただければ良いと思います。

「倒木法」を正中心をもって行う時、それは即座に正中心力に転化する。そこで重要となるのが正しい正中心の場所の理解なのだ。次項ではこのあたりを中心に、お話ししたい。■

正中心力の探求

「武の先人たちが会得した技や知識は、それ自体を言語化する事を拒絶する、極めて高段階の技や知識であった」

『古流の探求』

●正中心

引き続き「太極拳の探求」ですが、その前に一言。物事の理解や定義は、進むにつれて初期の頃と大幅に変化しますが、これを言い換えれば、

「初学者は、ほんの一面を知っただけで、全体を知った錯覚を犯す」

という事で、それが何十年か後には、

「物事の一面だけを知っても駄目だ」

と少しは賢くなってくる訳です。故に探求者が求めるものは、

「あらゆる角度から見た真実の姿」

であり、小林よしのり先生のマンガの「びんぼっちゃま」のように前から見れば立派なタキシードだ

が、後ろ半分は背中もお尻も丸出しの素っ裸、というような、そんな理解力の滑稽さにやがて気が付くものです。本項のテーマは、

「正中心力の探求」

ですが、これは前項でお話しした、

「内界に倒れ込んで、技をかける」

そのお話の続きですが、言い換えれば、

「術者の正中心に倒れ込む」

という事でもあります。全体性の理解はここにも大きく関与しております。

出口王仁三郎師筆「スサノオの命」の掛け軸（レプリカ）。

●霊夢

本題に関わる事ゆえ、まずは、

「私が見た不思議な夢」

の話をします。私は毎日、夢を見る。

「夢を見ない日は、一日もない」

のですが、三年ほど前にこんな不思議な夢を見た。私の部屋には大本教の出口王仁三郎聖師

が描かれた「スサノオの命《ミコト》」のレプリカが掛け軸としてあるのですが、ある夜、この掛軸から白衣白髪の上品な老婆が忽然と姿を現して、私にこう申された。

「これ以上の深ぁ〜い武術の秘密を知りたくば、沖縄唐手を学びなさい」

次の瞬間、またスーッと掛け軸の中に消えてしまわれた。私の事ですから、

「あんぎゃあああッ。出たあああッ」

となる所が、そうはならず、極めて平静であった。そして、老婆の言葉がいつまでも消えずに、心の底に残った。他の人は知らず、私はこの手の事は、

「滅ッ茶苦茶に信用しまくるタイプ」

である。ある時など、深層意識に伝達された何者かの声を脳の中に聞いて、その整合性に実に感動した事がある。それは「ジャンヌ・ダルク」の映画を見て、主人公ジャンヌの極めて不当な扱いと非道な火炙りの最後に、他人事ながら大層立腹していた時だった。以下はその時、私の脳内に響いた内なる声と私との対話である。何年も前の対話をここに紹介しておこう。

「神と正義のために戦って、火炙りかよッ。ふざけんじゃねえぞッ。俺は絶対に神と正義のために戦ってやんねえゾ。コラッ。聞いてんのかッ、神ッ」

「魂の長〜い転生の一幕だけを見るから、そう怒るのだ。神には神の人知を超えた長〜い物語がある」

「それって何よ」

「まず、彼女の火炙りだが、神は彼女の肉体だけを焼いたのではない。暴力でやられたら、暴力でやり返す、彼女の悪しき低俗性をも焼き尽くしたのだ」

「という事は」

「ここに、キリストや釈迦と同じく、暴力でやられても、暴力で報復しない特別な高位の魂ができ上がったのだ」

「へ〜〜ッ」

「神はそれを喜び、彼女の魂を十九世紀のインドに転生させた。それが、マハトマ・ガンジーである」

「ええ〜〜ッ」

「ジャンヌとガンジーは、異なる時空に存在する、同一人物だ。戦う相手も、同じイギリス国である。彼女の戦いは、非暴力のガンジーとして戦われ、ついに大国イギリスに勝利したのだ」

「でも、ガンジーは暗殺されました」

「彼を殺したのは、ジャンヌの時代に彼女が、戦場での殺人を体験したいという欲求を抑えきれず、試みに殺した敵兵の転生だ。カルマの法則は時空を超えても行使される事を、忘れるな」

●新垣清先生の本

さて、霊夢を見て何日か経った後、私は沖縄唐手家、新垣清先生のご著書、

『沖縄武道　空手の極意　その弐』

に目が止まった。一読して、

「霊夢が示したものは、これだッ」

と思いましたね。実際、私が求めて、しかも得られなかった知識が、ここに山盛りにあったのです。

本項で示す、

「正中心の探求」

はその土台の一部を、新垣清先生のご著書に基づく事、ここに感謝とともに、明記させていただきます。

●正中心の位置

「何のために、正中心を会得するか」

まずはこれにお答えしておきます。

「それは、正中心力を出すためだッ」

では、正中心力とは何か。世の中には難しく言う人もいるが一言で言えば、

「滅茶苦茶にモノごっつい力やねん」

これを今少し、知的に言えば、

「一般人が、一生苦練しても恐らくは出せない、次元の違った高密度の力」

と言えます。一言で言えば、

「これあってこその武術」

であり、太極拳の場合、

「この会得あっての太極拳」

なのです。正中心力や発勁のない太極拳など私、考えられませんわ。これは、

「最終兵器を持ってない軍隊」

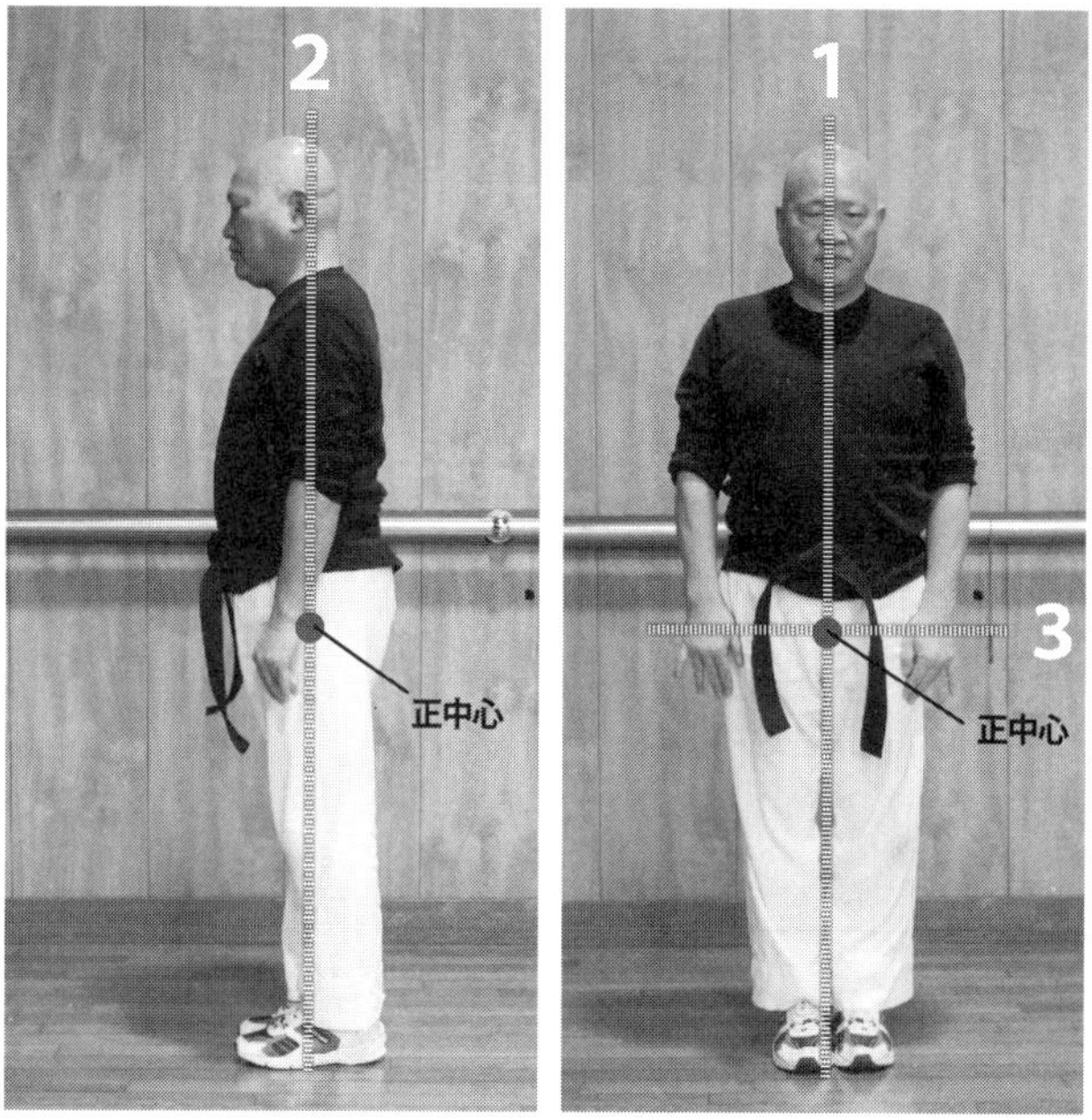

「正中心」は大きさが限りなくゼロに近い〝点〟として存在する。よって、その位置を限りなく正確に認識する必要がある。自分の「正中心」を正確にとらえるには、3本の直線を正確にイメージする事が早道。人体を2等分する3本の直線……正面から見た左右分割線（1）、真横から見た前後分割線（2）、正面から見た上下分割線（3）が交わる一点が「正中心」となる。

にも似ますし、その大なる欠如感は、

「美人が一人もいないソープランド」

にも似る。私はそんな店は好かんッ。

で、「正中心力」を出すためには、まず、

「正中心の正確な位置」

を知る必要があるのだが「正中心」は、

「人体の物理的な中心点」

でもあるゆえに、数学的な「点」の性質、すなわち、

「位置、あるいは存在だけがあって、そこには面積も体積もな〜んにもない。無色、無味、無形、無触である」

を持ち、まさにこの「無」の性質こそが、

「一般ピープルに、正中心の会得が一生かかってもできない」

という、その不可能性の原因だろう。

質量ゼロの、ビールスよりも小さな、

極小の一点。そいつのいる場所を、

「自分の中心に探しだせッ」

と言われても、私だって困りますわ。そこで回り道だが「点」の探求は放棄して「線と線の交点」として考える。すなわち、少しは私たちにも理解しやすい、

「正中心の探求」

これを入口に探求するしかないのです。

●正中心の探求

さて「正中心」の探求である。結論から言えば、この三次元世界は、

「縦、横、高さ」

の3つの軸で構成されているゆえに、二分割線である「正中心」も、
1　正面から見た人体の左右分割線
2　真横から見た人体の前後分割線
3　正面から見た人体の上下分割線
この3つが、存在します。これらは、いずれの場合も、人体を、

「完全に正確に、二分割する線」

として発見して下さい。具体的には、体重60キログラムの人を二分割する場合、刀で斬ってもよろしいが、

1　右半身も、30キロ
2　前半身も後半身も、30キロ
3　上半身も下半身も、30キロ

と正確に均等になるように、ブッタ斬っていただかないと困ります。早い話が、「31キロと29キロ」に分割しては、いけない訳です。

●分割線の会得法

1、2、3の分割線の会得法について、お話しします。肥田春充先生を真似して細長い鉄棒を使って、人体二分割線の発見に努めます、いずれの場合も、

「立った姿勢から、突然しゃがむ」

この動作の中で、発見するようにします。

1の場合は、立った姿勢でまず、

「鉄棒を水平に持つ」

水平という概念があるからこそ、垂直がわかるからです。この場合は人体の、

「左右垂直分割線に沿ってしゃがむ」

これが、100分の1ミリの正確さでわかるように努力して下さい。

2の場合は、左右に持った二本の棒を、

正中心を突き止める“分割線”会得法

1 左右分割線

棒を水平に持つ事によりそれに対して垂直方向の「左右分割線」をイメージする。その線に正確に沿って垂直に重心を落とし、棒の位置はそのままでそれに対し自由落下するようにしゃがむ。この時、わずかでも左右揺れが生じたら「左右分割線」が狂っているので、微調整をして、ピタッと静止できるまで繰り返す。「左右分割線」は3本の中で最もとらえやすいものだが、それでも、正確に知覚できている人は多くない。

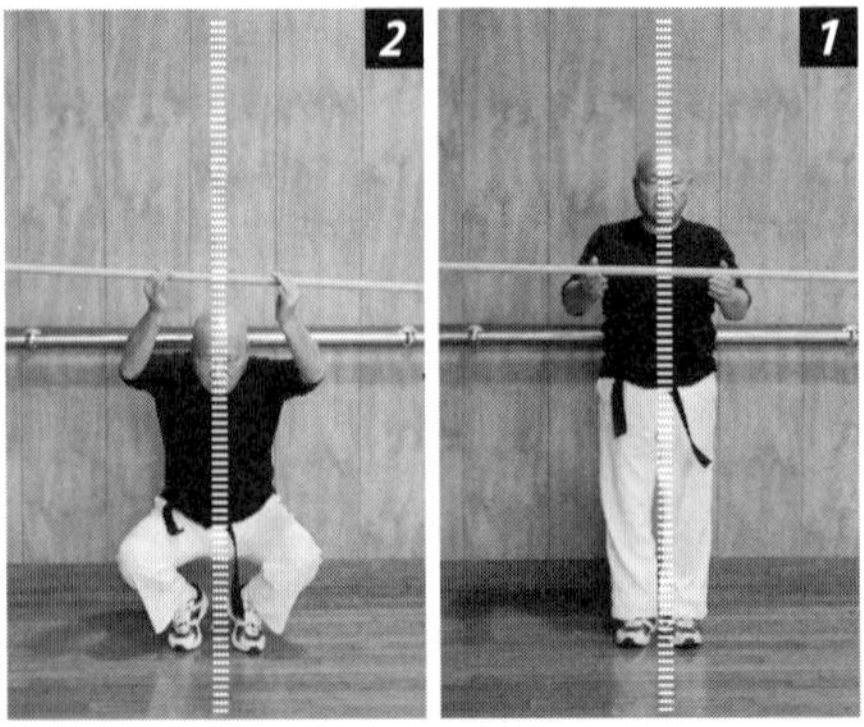

2 前後分割線

左右の手に棒を持って、それぞれ垂直に立てる。この2本のラインによって体を前後に2分割する〝面〟を設定し、そこから「前後分割線」をイメージする。この線に正確に沿ってしゃがみ、その時に前後方向の揺れが微塵も生じないように。通常のしゃがみ動作は前後ブレが生じやすいものだが、常時、前後バランスを知覚できていれば、「前後分割線」の発見とともにストンと下りる事ができるようになる。

3 上下分割線

身体の中心に棒を立て、それに対して垂直の「上下分割線」をイメージ。その線に平行なラインを上から下ろしていき、「上下分割線」と一致したら、そこから下が〝なくなった〟かのように脱力して、自由落下力により加速してしゃがむ。ラインが高いと加速はするが安定しない。ラインが低いと加速しない。スムースで揺るがない「落下加速」を伴うしゃがみ動作は正確な「上下分割線」がとらえられてこそ実現する。

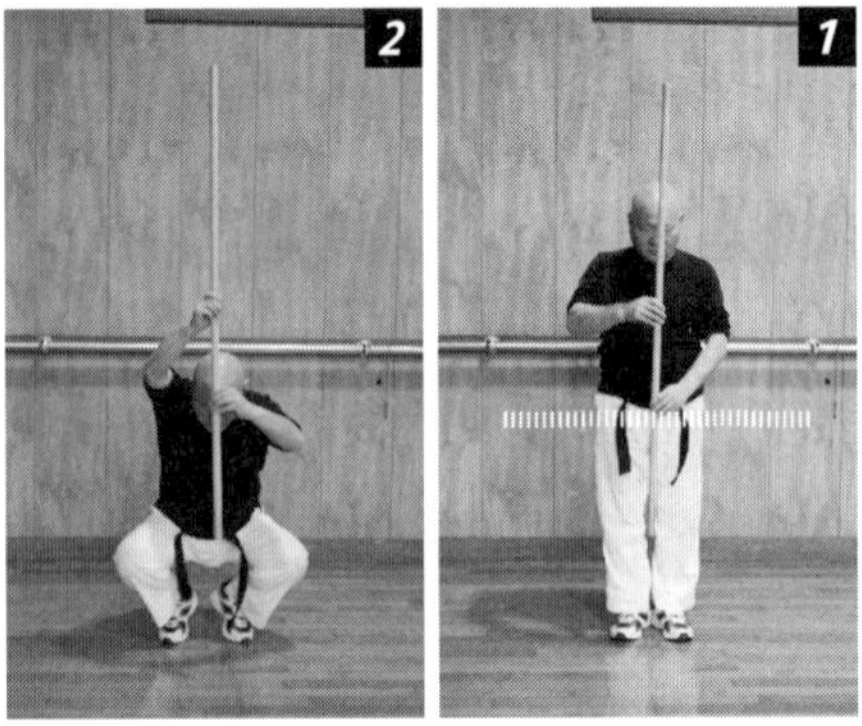

「垂直に立てて両脇の辺りで持つ」

両手は適度に横に広げて、前後のバランスをよ〜く考えながら、脇の下の、

「前後分割線に沿って、しゃがむッ」

一気にしゃがんで、体が少しでも揺れたら、それは失敗です。再び前後分割線を微妙に修正して下さい。

「ピタッと静止してまったく動けない」

これが正しいのです。

３の場合は、立った姿勢でまず、

「鉄棒を顔の前に垂直に立てる」

正面の正中線に、棒を重ねるようにして持つ訳です。垂直という概念があるからこそ、水平がわかります。そして、

「人体の上下分割線に触れた瞬間に、しゃがむ速度を加速してしゃがむッ」

上下分割線は大体、その人の、

「臍《へそ》と恥骨の真ん中あたり」

ですから、このあたりで正確な上下分割線を探し出す訳です。おまちかねの「正中心」は３本の人体分割線が、

「ピタリと交わる一点にあるッ」

と言えます。太極拳はすべての技を、

「その点を起点として、内部に五体を投地した時の、玄妙な力の中で行う」

その糸口がきっと発見できるはずです。

●キッベール　漢字分解法

さて、太極拳における、

「正中心の探求」

本項の最後に、古代イスラエルの秘教、

「キッベール（カバラ）」

の秘儀を用いた漢字分解法で、

「正中心の謎と、その性質」

を理解していただきます。「漢字分解法」は漢字の「へん」や「つくり」を分析しそこにある本来の、言語を絶する、

「どえら〜い古伝の伝承」

を知って真理や真実に近づく技法です。私がこれのマニアにはまったのは、

「ネオ・パラダイム・ＡＳＵＫＡ」

の飛鳥昭雄先生の著作によります。「漢字分解法」はその中に象意の外に、「振動文字」「重複」「鏡像反転」を含みますが、一例を挙げれば、

「膨（ふくらむ）」

この字を鏡像反転させて分解すれば、「ミ（水）」「土」「豆」「月」となる。さらに「重複文字」の理をもっ

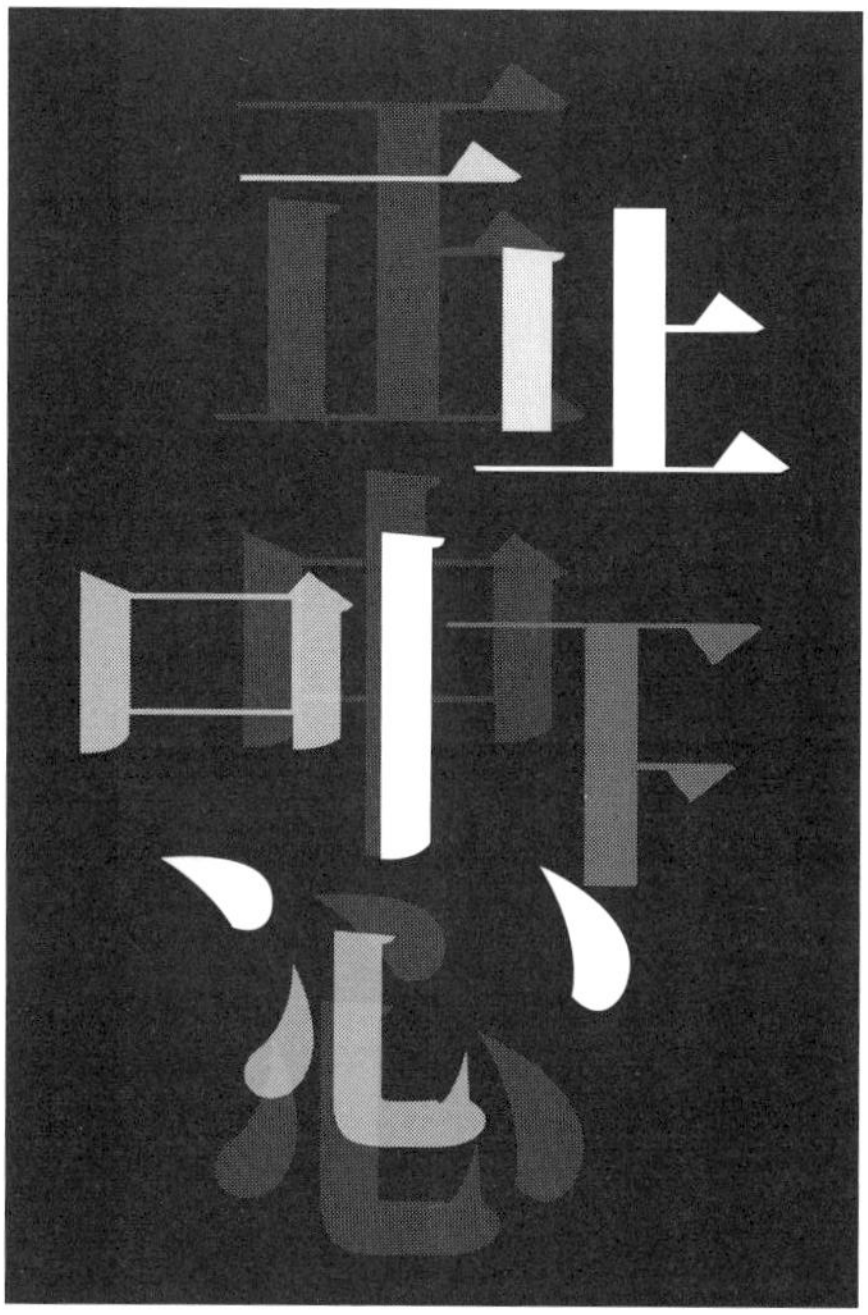

て、「土（つち）」と「豆」を解きますと「土」は「十」「一」となりまして、「一」を重複させて2回使用すると「土」と「豆」になる。すなわち「膨」は「月」「土」「豆」「ミ（水）」です。ここから本来の持つ意味を読み解けばはるか昔「月」から「ミ（水）」が「土（地球）」に降り注いだ後、地球は元の大きさを変えて「ミ（水）」につけた「豆」のごとく大きく「膨（ふくらんだ）」すなわち「膨」の意味する象意は古代の、

「ノアの洪水と、その後の地球膨張」

であった訳です。私はこれを解読し、「どわわわ〜んッ」となったが、同じノリで「正中心力」を解読してみましょう。

●正中心力と漢字分解法

「正」を分解すれば「丅」「丄」だが真ん中の「丨」を二度使えば「丅」「止」となる。「丅」は「タウ十字架」で、イエスの処刑の時の十字架を示し、「止」はモロに「止める」の意味だ。すな

わち「正（ただしい）」の元の意味は何と、

「イエス様の処刑を止める事は正しいッ。だから処刑を止めさせろッ」

次に、「止」を分解すれば「上」と「｜」だが、「上」は鏡像反転すれば「下」である。驚く事に「上」と「下」は同一文字だったのだ。嘘と思う人は紙に書いて裏返して確認せよ。そして「｜」を縦のベクトルと考える時「止」は、

「上と下の二方向から、同時に力を加えて、止めろッ」

すなわち「止める」とは本来、

「二方向の力を拮抗させて止めろッ」

という意味を持ち、三次元的に言えば、

「上下、左右、前後の力を同時に一点に加えた時の、力の拮抗で止めろッ」

となる。類似品は土俵際の二人の力士の数秒間の静止状態。両者は止まっているが全力を出し尽くしている。次の「中」を分解すれば、

「口」「｜」

で、「口」の中心を通る正中線を示す。

「心」を分解すれば「八（やっつ）」「、」「丶」となり「八」は「ノ」「乀」で元字は「人」である。それを「上下」「左右」「前後」に正確無比に「八」に分割し最後に「、」を「、」「丶」に分割し、その一つを鏡像反転すれば、

「心は一つの『、・点』で事足りる」

すなわち「心」は本来、

「正確無比に八つに分けた人体の、八つの中心を、再び一点に集中させる」

という意味を含む。以上をもって「正中心の力」の意味を考える時、それはですね、

「左右、上下、前後に正確無比に八分割された八つの重心の力が、再び人体の中心に結合された時に生ずる、拮抗的かつ高密度の静止力」

と言える。

話は次項に続きますよん♡

■

拮抗力と八段錦

「力」とは不思議なものだ。それは「幸運」に似ている。

（カルロス・カスタネダ）

●再び、正中心について

前項で正中心力の定義として、

「人体を、縦、横、側面に二分割した八つの部分の重心が、再び元の人体の中心に、口の中心を通るエネルギー流を主に、再結合した時に生じる、高密度の静止性拮抗力のこと」

と申し上げた。今回はこの、

「静止性拮抗力」

についてお話をしたいと思います。

●腱エネルギーと拮抗力

さて、例によって結論から申します。武術の技において、

「本当に必要とされるものは何か」

これを考える時、色々の人の色々の御意見がございましょうが、そんなモノを一切無視して一面だけを述べれば、

「それは腱エネルギーだッ」

と言える。人によっては、

「筋肉だッ」「神経だッ」「眼だッ」「足だッ」「胆だッ」「海綿体だッ」

と色々あるが、私は、

「腱の出すエネルギーが一番の要だ」

と考えます。世の中、太った人ややせた人がいるが、やせた人の中にも、

「滅茶苦茶に力が強いッ」

という人々がいる。その人々は結局、

「筋肉の付き方は少ないが、各部分の腱が必要以上に発達していて強いッ」

という事なのです。類似品は、

「強力なゴムの力で飛ばすパチンコ」

これ、いくら本体が頑丈でも、肝腎のゴムの力が弱ければ何にもならない。そして、ゴムの出す瞬発力はそれが、

「太いほど強いッ」

という訳で、これ常識。そこで今から、

「腱の出すエネルギー」

について考えてみます。普通の人は、

「武術的な力（殺傷力の事ですッ）」

を出す時、ただ筋肉や神経を一瞬、

「非常に速い速度で緊張させれば、それでよいッ」

と思っておられるが、思うにこれは、

「半分正しく、半分間違い」

と言える。「笑点」の大喜利で言えば歌丸師匠から座布団をもらえない訳です。その理由は、その人がいくら、

「真っ赤になって力を入れても、肝腎の腱には、半分しか力が入らないからだッ」

言い換えれば、その人が単に力を入れたくらいでは、腱は十分に緊張しない。もっと外に効率の良い技法が必要です。

「腱の出す力は、本当はもっと出せるはずなのに、その方法がわからない」

これを研究した人々が過去にもいて、出した一つの解答が、これです。

「拮抗力を用いて、腱を緊張させよ」

●拮抗力について

ここで、拮抗力について考えます。「拮抗とは何か」

という事なのですが、門人の中には、発音を間違える困った人もいて、

「亀甲ですかッ。まッ、縛り方としては三通りはありますが、今ここでやれと言われても、縄も女もいませんし」

等というとんでもない奴もいて、

「ＳＭの亀甲縛りの話じゃねえよッ。力の拮抗の話をしてるのッ」

という訳で「力の拮抗」を考えますと、

「優劣のない二つ以上の力が、互いの力を打ち消し合うようなベクトルの方向で働いた時に生じる、見せかけだけの静止的な運動停止状態」

と言えます。なぜ「見せかけだけ」かといえば、二つの力を出している別々の人は、ズル休みをして、力を出す事を放棄している訳ではないからです。

「私も頑張っているが、相手も全力で頑張っているので、勝負がつかない」

というのが「力が拮抗している」という状態な訳です。これの類似品は、

「団体で行う綱引きの時、双方が別方向で引いているにも関わらず、肝腎の綱の位置がピーンと張ったまま、１ミリも動かない状態」

あるいはまた、

「二人の力士が土俵際で攻め合っているが、互いに全力で押し出そうとしても、両者が静止して見える数秒間」

これらは皆「力の拮抗」の見本と言えるが、面白いのは、

相手を引き込む動作と押し込む動作を素早くスムースに切り替えられれば、相撲でも柔道でも、効果的に相手を崩す事につながる。しかしこれを「正反対の運動のスイッチング」として行うとどうしても＋↓０↓－という行程を経ねばならず、相手にとって反応が可能となる一瞬の〝間〟が生じてしまう。しかし、押す力も引く力も同時に存在する「静止性拮抗状態」を利用すれば、どちらからどちらへでも、瞬時に切り替える事ができる。

出し技から引き技へ

引き技から出し技へ

「等しい二つの力が、互いにぶつかり合っても、拮抗する」し、

「等しい二つの力が、互いに引っ張り合っても、やっぱり拮抗する」

という所です。言い換えれば、

「プラスの力も拮抗するし、マイナスの力も拮抗する」

という事で、算数で解けば、

「マイナス×マイナス＝プラス」

で同じとなるのでしょうが、思うに、この辺りが応に、力の一元性というか、

「力の謎」

と言ってよい分野であろう。拮抗力は、

「プラスもマイナスも、同様に働く」

ゆえに、拮抗力を保持した状態のまま、

「出し技から引き技に転ずる事も」

「引き技から出し技に転ずる事も」

容易に行える。注意力の鋭い人は、

「最終的に使う腱の部位は、同じだ」

という事に気付くであろう。類似品は、

「ナイフの刃」

押しても、引いても、同様に切れる。あるいは、一本の神経による二つの兼用。

「聴覚神経と平衡神経は同一神経だ」

という事実。人体には、一つの神経で二つの役割を果たす働きが、確かにあるのだ。これは「腱」にも言える。

「拳法、打撃系に用いる腱」

「柔術、組み討ち系に用いる腱」

これ等は最終的に、同一の腱を使う。

●上腕屈筋腱

以上、いろいろお話ししたが皆様の中で、

「訳がわからんわ〜いッ」

という人は、手首を屈した時に屈筋側の手首に、くっきりと浮かび上がる二本の太い腱、

「上腕屈筋腱」

にだけ思考を集中させていただきたい。この腱が武術では大切なのだが、これを、

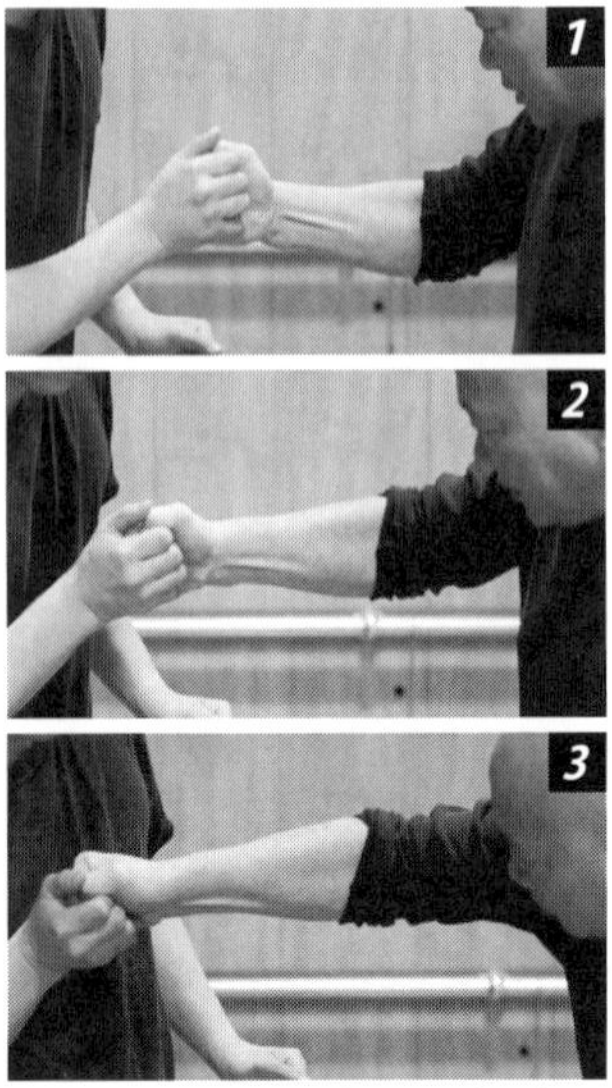

拮抗力を用いて最大限の腱エネルギーを発揮させる打撃のシミュレーション。手首を伸ばす力に屈する力を拮抗させ続けているため、その過程において手首には腱が浮き出続けている。

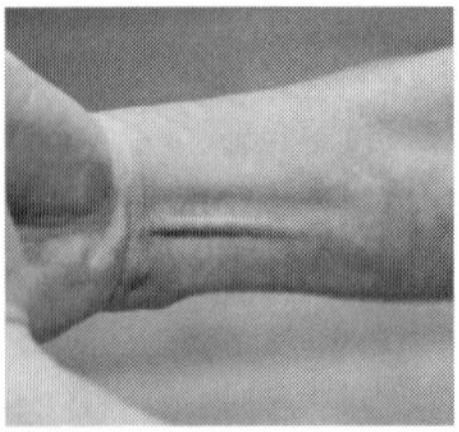
手首にスジ状に浮かぶ「上腕屈筋腱」。単に手首を屈するだけでなく、手を握ったり、その握る力に開く力を拮抗させたりすると、微妙に違う浮き出方をする。

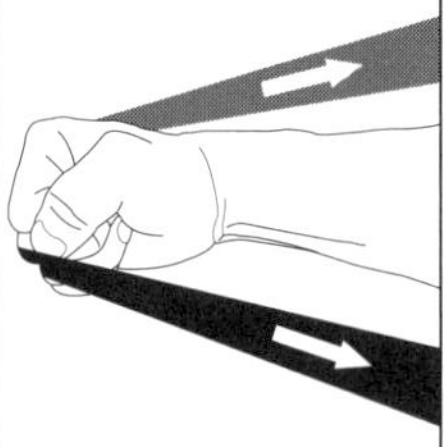
意図的に拮抗状態をつくる事によって腱は最大限のエネルギーを発揮する。拮抗状態をつくり出したら、あとは当たる瞬間、引っ張る瞬間、押し込む瞬間に、それぞれの用途、方向性に応じて片側を解放してやればよい。

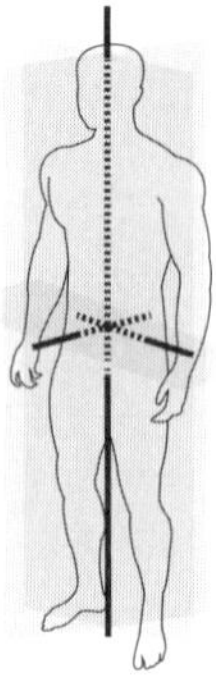
人体を縦、横、前後にそれぞれ、二等分割すると、結果として八分割される。この八つのパーツを再結合させた結果としての〝静止性拮抗力〟こそが正中心力であり、それを感覚的かつ意識的に養成する錬法が「古伝八段錦」には秘められている。

「最大限に緊張させるッ」

には、単に握力を入れただけでは、まだまだ足りない。何でもいいから、

「何か、ストッパーの役目を果たすもの」

が、どうしても必要で、それに手を引っかけた拮抗力で腱を緊張させれば、ただの握力以上の腱エネルギーが出せる。

●八段錦

武術に必要な「腱エネルギー」は、

「二つの力の拮抗の中で得よッ」

というお話をした。本稿の最後に、

「正中心力を会得するための、拮抗力」

についてお話ししたい。具体的には、

「太極拳における、八段錦の秘伝」

についてのお話だ。創造物にはすべて、

「その初期的な性質を持つ、原型」

が存在するが「八段錦」こそは、

「太極拳の長〜い型の原型だッ」

と言い切れる。そこには一般ピープルの知りようがない、極めて極めて有効な、

「深ぁ〜い秘伝や、秘密のやり方」があある。これを知らないと「カッコだけ」の太極拳に堕落しちゃいますよ♡

●古伝八段錦

何度も申しますが八段錦の目的は、「武術に必要な正中心力の会得」にあります。私の知る正中心力とは、

「人体を、縦、横、前後に二分割した八つの部品の重心が、再び元の一つの人体の中心に、口の中心を通るエネルギー流を主に、再結合した時に生じる高密度の静止性拮抗力のこと」

八段錦の「八」の原字は「人」であり、

「八つに分けた人体の特性の探求」

という意味を持ち、「錦」の字の分解は、「金」「白」「巾」

ゆえに「金属」の「中」が「白」、すなわち、

「潔白で〇〇がまったくない状態」

すなわち、「白」には「ホワイト」のほかに、

「奴はシロだッ」

と刑事ドラマで使われるような、

「〇〇の否定、あるいは無の状態」

の意味を含み、ゆえに「錦」とは元々、

「金属の巾や厚みがまったくない、鋭利な状態。あるいは転じて、金メッキ状態」を意味し、これで人体をカットする訳ですから、理論的にはその切り口は、

「完全な二次元の平面」

となる。ゆえに「八段錦」は、

「人体を八つにカットした、その平面的な切り口の探求」

と言えます。で、その切り口を、

「互いに、こすり合わせて、摩擦と拮抗作用によって、拮抗力を高める」

これが正中心力の入り口なのです。

●実技

「一段」から「八段」まで、八つの基本動作について、お話しを致します。

一段目 左右分割面

会得すべきは多いが、まずは正確な、「左右の分割面と、その拮抗力」

八段錦 一段目

左右分割面の拮抗力養成。右半身を左半身に、左半身を右半身に押し付けるようにして拮抗させつつ、右は上、左は下へ。(左右逆のパターン(=右を下、左を上へ)とで1セット。以下同様に逆側の写真は省略)

について探求していただく。これは人体を、

「口の二分割線を垂直に伸ばした左右の分割線に沿って、真っ二つに切るッ」

この時に、縦に切り離されたがゆえに、右と左に分離された、垂直面の切り口を、

「気持ちわる〜ッ」

と言わずに想定していただく。しかる後に、右と左の切り口を、

「右半身は、左半身に押し付け」

「左半身は、右半身に押しつけ」

互いにこすり合わせるようにしながら、拮抗させつつ、その力を高めていく。この時、片手は下から上に、別の片手は上から下に、捻り上げ、捻り下げ、さらに左右の結合面での拮抗力を、高められる人は、高めて下さいね。

二段目　左右分割面と倒木法

これは「一段目とほぼ同じですが、動作の初動において身体を屈し、

八段錦　二段目

〝自身の中心〟へ飛び込む動作（＝内界への倒木法）を行ってからの、左右分割面拮抗力養成。

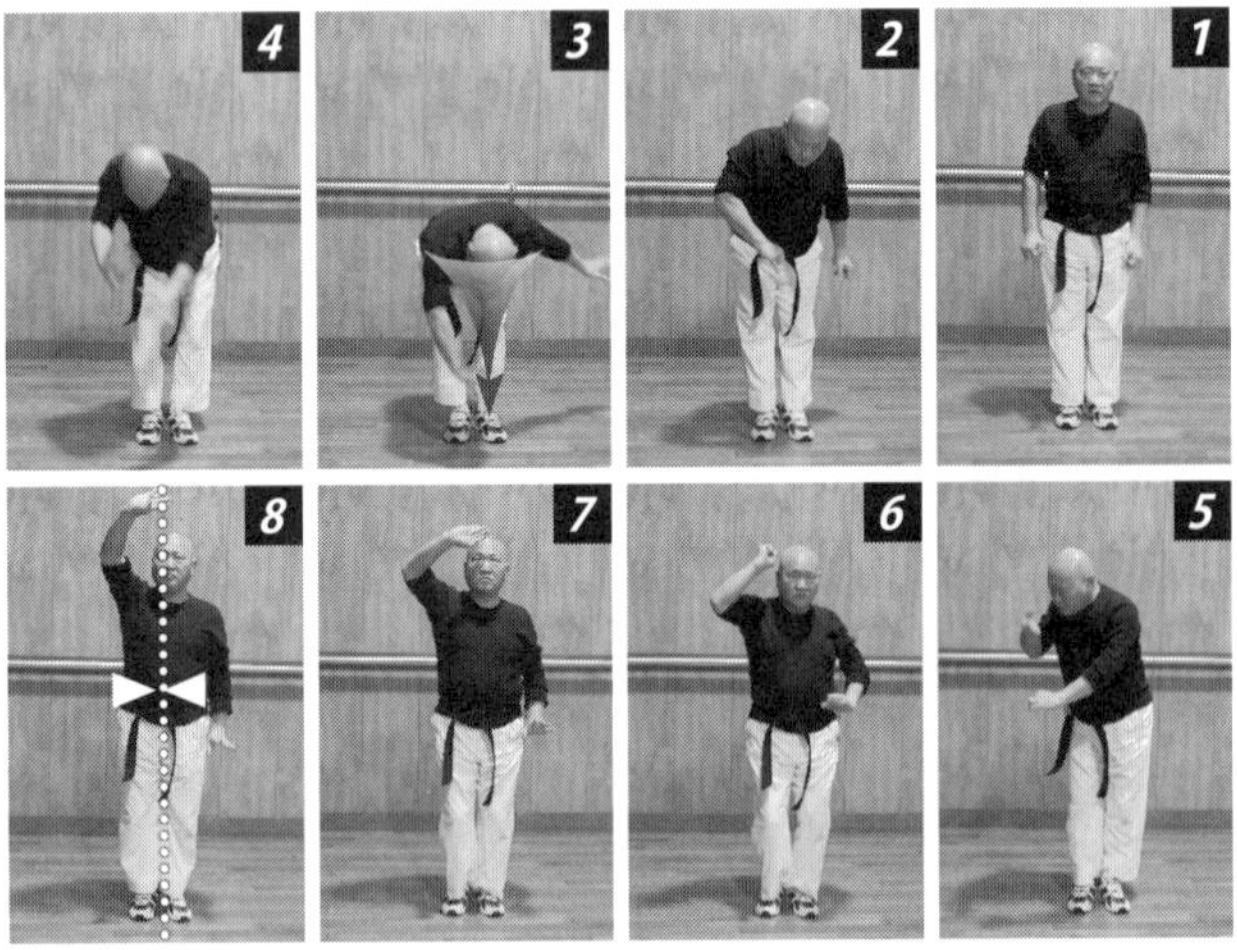

「口の正中を通る正中線エネルギーの通路を通って、人体の内界である正中心に飛び込むッ」

すなわち「内界への倒木法」を加えます。

三段目 上下分割面と倒木法

人体を「ヘソ」と「恥骨」の中間点で、

「エヤァァアッ」

と水平に、真っ二つに切るッ。その血まみれの上下にカットされた、水平面の切り口として、上下の人体を考え、体重60・0キログラムの人ならば、

「30キロの上半身の水平面の切り口」

「30キロの下半身の水平面の切り口」

この二つの切り口をよ〜〜く探求していただいた後、今度は上下の楕円形の切り口の延長面上を、パントマイムで無い机の上を掌でなでるがごとく、その切り口の高さを空間認識力で確認し、しかる後に「倒木法」をもって内界に飛び込みつつ、

「上体の切り口は下体に押しつけ」

「下体の切り口は上体に押しつけ」

八段錦 三段目

〝自身の中心〟へ飛び込みつつ、上下分割面の拮抗力を養成する。

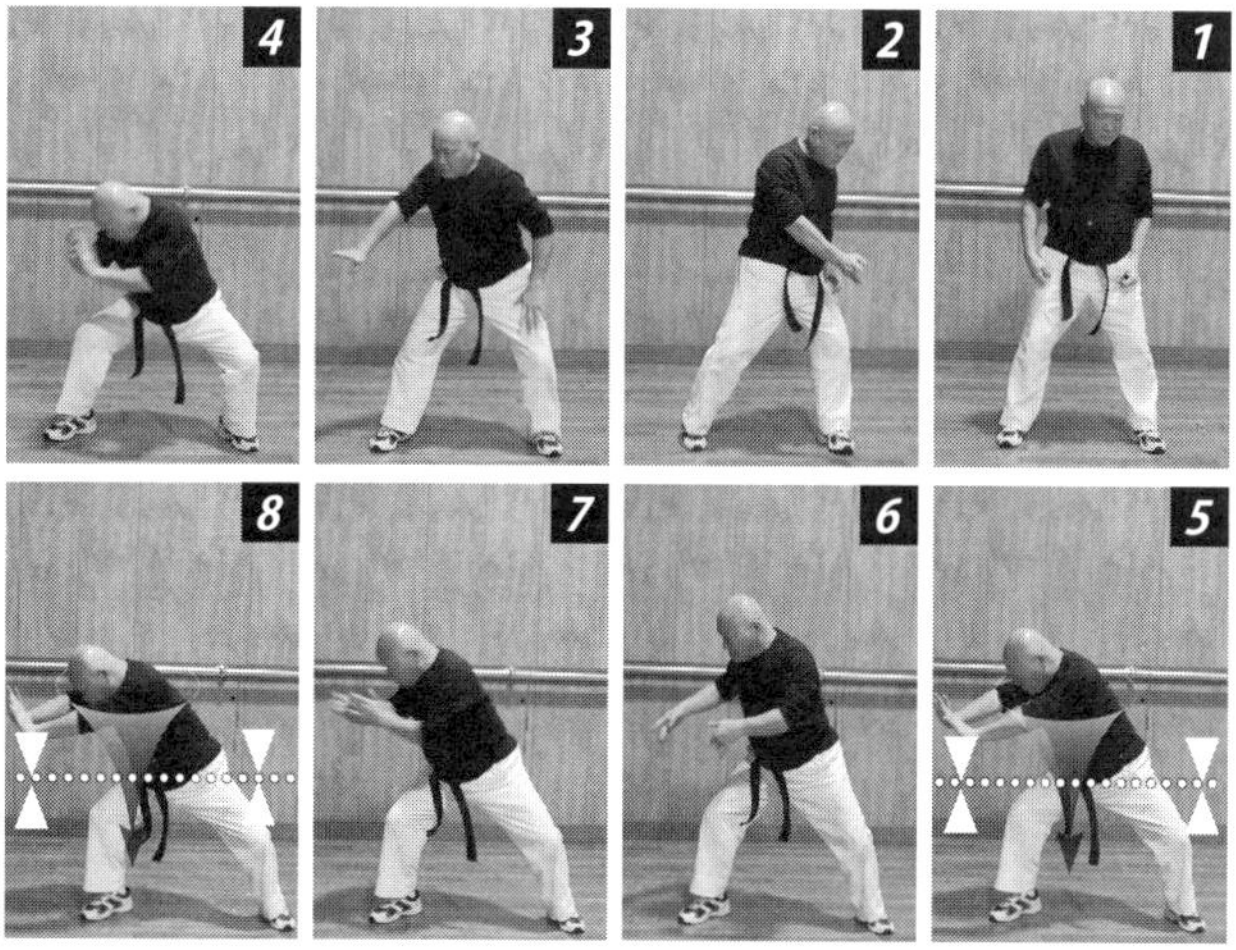

互いに上下をこすり合わせながら拮抗力を高めていきます。

四段目　左右分割面と上下分割面

両脚を開き、腰を落とし「馬に乗った」姿勢を取る。これを「馬歩」という。この姿勢から、胸の前で両拳を合わせ、両拳に加えた力を拮抗させつつ、左右分割面をも拮抗させる。しかる後に両拳の力を拮抗させたまま、上下分割面に沿って引き落とし、その通過の一瞬を逃さず、上体は押し下げ、下体は押し上げて、その接合面を拮抗させよ。

五段目　前後分割面

姿勢を馬歩に取り、両脇の下を基準に人体の前後分割面に、手の合谷穴を触れよ。切断面の想定ができた人は次に視野の可視と不可視の境目に注意力を注ぎ、前後分割面に沿って、不可視と可視の楕円の境界線を一周するつもりで視線をぐるっと廻す。このレッスンは、見えざる内界の一点に存在する「正中心」を探す力を啓発するものだ。

八段錦　四段目

左右分割面と上下分割面の拮抗力養成。

八段錦　五段目

前後分割面の拮抗力を養成する。

※写真④における画面全体にわたる“白っぽさ”は前後分割面を示す。以下「六段目」～「八段目」において同じ。

六段目 前後左右分割と倒木法

姿勢は馬歩。両拳を眼前でガッチリと拮抗させ、左右分割面を強く拮抗させる。次に、その拮抗状態を維持しつつ前後分割面を発見し、前半身は後ろに引きつけ、後半身は一気に前に押し出しつつ、倒木法をも加えて、一気に正中の気を、正中心に向けて落とし込むッ。

七段目 前後分割面と倒木法

姿勢は馬歩。前後分割面の腰のあたりに両拳を構え、前半身は後ろに引きつけ、後半身は前に押し付け、拮抗力をもって前後分割面の圧力を高めつつ、正中の気を倒木法の勢いに乗せて、一気に正中心に叩き込むとともに、両手を下方に突き出すッ。

八段目 左右上下分割面と倒木法

姿勢は馬歩。右足の爪先を90度外に向け、爪先に力を入れ、大地との拮抗力を作る。次に膝を進め、左爪先の拮抗力を最大に取る。その拮抗力を弱めぬまま、今度は右足を90度内旋し、踵と大地の拮抗力

八段錦 六段目

〝自身の中心〟へ飛び込みつつ、前後分割面・左右分割面の拮抗力を養成する。

八段錦 七段目

〝自身の中心〟へ飛び込みつつ、前後分割面の拮抗力を養成する。

に転じる。右の踵に最大の拮抗力が生じたとき、その力は自ずと左足の爪先にも伝達され、ここに右踵と左爪先の拮抗力による、上下分割面の最大の拮抗力を、求めずして得ることができる。さらに、その拮抗力を維持しつつ、左右分割面に注意力を注ぐ。次の瞬間、術者は口の中心を通る正中線エネルギーを最大限に加速して、おのれの正中心に、倒木法をもって一気に倒れつつ、左右の体を、左右分割面の拮抗力で完全分離して、左半身はその位置に残したまま右半身だけを、鋭く屈す。どうです。難しいでしょう。難度の極めて高いことが、その品質の高さを保証するのです。■

静止拮抗状態をつくるのも一瞬なら、そこからの発動も一瞬。テイクバックも準備動作もない発力がこの操作によって可能となる。一般には気功法、健康体操として知られる"八段錦"だが、その身法は武術の神秘領域へと至らしめる。

八段錦　八段目

爪先操作による接地面での拮抗力生成から、"自身の中心"へ飛び込みつつ、左右分割面・上下分割面・前後分割面の拮抗力を養成する。

第5章

見えない速度で抜刀する法

瞬速の居合原理

〝体内衝突〟抜刀法

「古の居合の達人が、如何にして剣を抜いたか、その本当の技は一切、伝わってはいない」

「会津慈元流・口伝」

数年前、仲間内で撮ったビデオを見たら、居合も撮られていたのだがその下手な事、我ながら冷汗ものである。一言でいえば、その技は、

「極めて鈍重である」

としか言い様がない。我ながら、

「黒帯止めて、白帯を締めろッ」

と言いたい所だが、遅々とした速度ながら人間は成長するものゆえに、今の私の居合は、当時よりは少しはマシである（当社比ですけど）。

私が信用する近世の居合の達人は、子母沢寛先生の聞き書きによる天宝年間実在の侠客、

「座頭市」

である。この人物、でっぷりと太った中年ながら、居合の達人であり、酒の入った銚子を縦に真っ二

つに斬ったり、投げた風呂桶を空中で真っ二つに斬ったり、普通の技術力では不可能な技を見せた記述を見ることができる。ここで当然の疑問として、

「瀬戸物を刀で斬れるのかッ」

という疑問が湧くが、私の少ない体験では、ガラスを刀の刃で削る事は、チタンの含有量の多い刀の場合に限り可能であり、ゆえに抜群の使い手ならば銚子を斬る技も、可能か。と思われる。

とはいえ、ロックウェル硬度64の刃をもってしても、鉛筆を削るように刃を当てた場合、少々力を入れても傷一つ付かないのが瀬戸物であり、表面を刃が滑るばかりで、まず削れたりしない。いかなる技術力により銚子を刀で真っ二つに切断したのか、まったくの謎である。皆様の中には、

「そんなの嘘だよッ」

という人がいるかもしれないが、

「見た」

という人物がいる以上、見せた訳であって、その人物が嘘を言わないなら、疑問の余地はない。過去において、

「銚子を刀で斬る技術」

は存在したのである。

元来、居合は、

「世の中で最も速い武術」

と言われている。居合の達人、座頭市は記述によれば、でっぷりと肥満した大柄な男である。陸上競技の短距離走の場合、もうそれだけで失格というか、問題外である。私たちの常識では、

「デブが速く動けるはずがないッ」

という先入観がある。そして大抵の場合、その先入観は正しい。しかしここに、例外がある。それは二十年ほど前の月刊誌「GUN」に掲載されていたアメリカで一番のファスト・ドロウ（リボルバー拳銃の早撃ちの事）の名手の記事であり、その男は白人でビア樽みたいに肥った中年であった。当時、取材した日本人記者も、

「しばらく見ないうちに、滅茶苦茶に肥ってしまったな。こんなに肥って早撃ちができるのだろうか」

と心配したが、それは余計な心配であった。何とその肥満体から出た早撃ちの速度は、腰のガンベルトの銃把に軽く右手が触れた位置からの撃発の場合、驚くべき事にその所要時間は、

「0・0175秒」

であった。私はこの、0・0175秒という数値を二十年以上記憶している。西部劇における主人公の早撃ちが、動作のスタートから撃発まで、わずか、

「0・4秒しかかかっていないから、凄いッ」

と言われていた時代である。本物は、

「一桁以上、違っていた」

のである。0・4秒と0・0175秒、単純計算すれば何と、

「24倍も早いッ」

のである。この肥った名人が、二つの風船を銃で撃つ時、その音は誰の耳にも、一発にしか聞こえない。即ち、

「バンッ」

と鳴ったら同時に二つ割れている訳だ。この名人、さらにさらに驚くべき事をやってのけた。何と何と、空中に放り投げたトランプのカードを撃つという。これ、誰だってカードのド真ん中を撃つと思うでしょう。ハズレです。何とこの名人の場合、銃弾で空中の、

「カードを縦に真っ二つに切り裂く」

のである。話だけなら私も本当にしない訳だが、バッチリ写真に撮ってあるので、信じるしかない。

このあたり皆様、

「座頭市の空中の銚子斬りに似てる」

と思いませんか。今回、あえてアメリカの早撃ち名人の記述をご紹介したのは、現代の日本の居合術において、残念ながら座頭市クラスの達人が、日本の人口は一億三千万人もいるのに、ただの一人もいないからである。私も含め、

「本当の居合とは、こういう技だ」

と言いたくても最高の手本になれる人が私の目から見て一人もいない。ゆえに類似品をもってお話しするしかない。すると日本に類似品はなく、アメリカの早撃ち名人にそれを見出す訳です。

●居合の初歩的技法

私にとって、子母沢寛先生の随筆、

「ふところ手帳」

に載っている、ほんの数頁の、

「座頭市物語」

は居合の達人の実技が如何なるレベルの代物であるかを知る教科書である。この教科書を元に、本項では今一度、

「居合とは何か」

を考えてみよう。居合の定義として、

「常の如く**居**ながら卒爾（突然）の一撃に**合**わせる技」

というのがある。これは一つには、

「既に抜刀した者の一撃に対するに、未だ刀を抜かざる者が用いる刀法」

という意味が含まれる。今の言葉で言えば、

「剣道　対　居合」

の勝負だ。昔の居合には、切腹の介錯としての刀法や、上意としての切腹を申し渡す時、上士とは別にもう一人、副士としての役目を果たす者が必ずいて、

「上意ッ」

と上士が言った瞬間、間髪をおかず、武士を斬るという副士のための居合があったという。下剋上の盛んな時代、

「〜により切腹を申し付けるものなり」

と申し渡す最中に、早くも抜刀して上士を斬って逃走する武士が数多くいたからである。上士の申し渡す切腹を、

「有り難き仕合わせ」

と平伏し頭を下げたのは、平和な江戸時代に入ってからの事だという。それまでは、主家に逆らい、上意に逆らい、

「切腹なんかやるものかッ」

という武士も多かったらしい。そんな反逆の武士を、抜刀して暴れ回る前に斬る。ゆえにこの場合は、

「居合 対 居合」

の勝負だ。しかし本項では、

「剣道 対 居合」

の勝負にお話を限定して進めていく。私が測定したところ、剣道二段か三段の人の場合、おしなべて面打ちに費やす時間は、動作の初動から一撃まで、およそ、

「０・２５秒程度」

である。これは現代剣道の場合、

「深く踏み込んで打つ」

からであろう。踏み込まずに打てば、もう少し早いはずである。いずれにせよ剣道家を斬るには、この、

「０・２５秒以内に、抜刀して斬る」

これができねばならない。言い換えれば、

抜いた刀を構え、今にも斬りかからんという相手を、抜かざる刀で迎え撃つ。相手が斬りかかってくる動きの起こりの刹那、一瞬にして胴を水平斬りに。相手の刀が下りてくる前に完結する〝抜即斬〟。なぜ、これほどまでに速く抜けるのか?

「0・25秒以内に、自己の最高速度に到達していなければならない」

という訳で、ここに居合の初歩的な技と術理が必要となる。一言で言えば、

「静止状態から、いきなり最高速度を得る技法の会得」

であり、この会得がなければすべてが空論。居合の修行なんかやめて、心霊写真でも見ていた方がマシである。

この技法を、野生動物の速い動きの中から、その原理を見出そうとしても無駄な努力である。例えば、チーターの瞬足は野生動物の中ではトップだが、スタートダッシュから時速100キロに到達するまで

に、２秒と少しかかる。これはスポーツ・カーも同じ事で、静止状態から最高速度に到達するまで、２秒か３秒かかるらしい。では、

「静止状態から無時間で最高速度を得る事は不可能か」

といえば、そうではない。可能である。それを一言で言えば、

「追突ッ」

という手段である。停止している車に後ろから最高速度で車をぶつければ、嫌でも停止中の車は、

「停止状態からほぼ無時間で、最高速度に近い速さを得るッ」

のである。これを業界用語で、

「オカマを掘る」

というらしい。世の中には美人のオカマもいて確かに美人だが私としては、

「オカマいなく。でも美人だなあ」

と言っておきたい。私は何の話をしているのであろう。オカマやニューハーフの話をしている場合ではないはずだ。

「オカマを掘る」

辺りから脳がおかしくなりかけたが、本来は、無時間で最高速度を得る技法、

「追突ッ」

の話をしていたのであった。

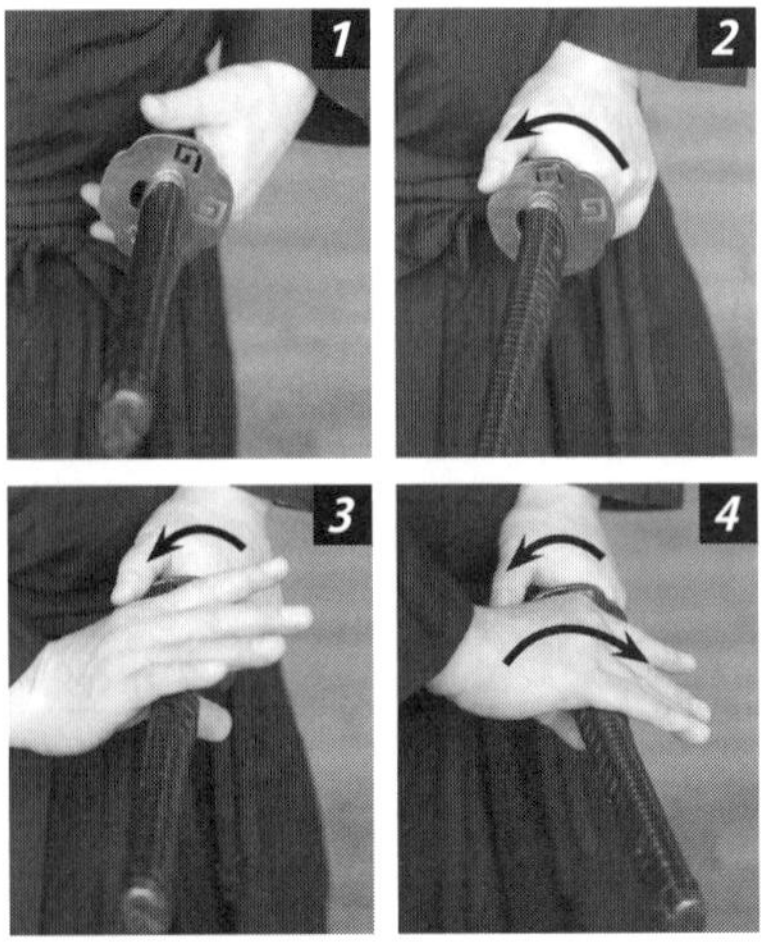

瞬速の振りに耐え得る手の内（握力）を養う鍛錬。鞘を握る左手を内に、柄を握る右手を外に絞るようにし、力を拮抗させた状態を保持する。指先は使わない。

クラブに叩かれて飛んでいくゴルフボールは、動き始めが最高速度。この原理を身体運動に応用できるか？

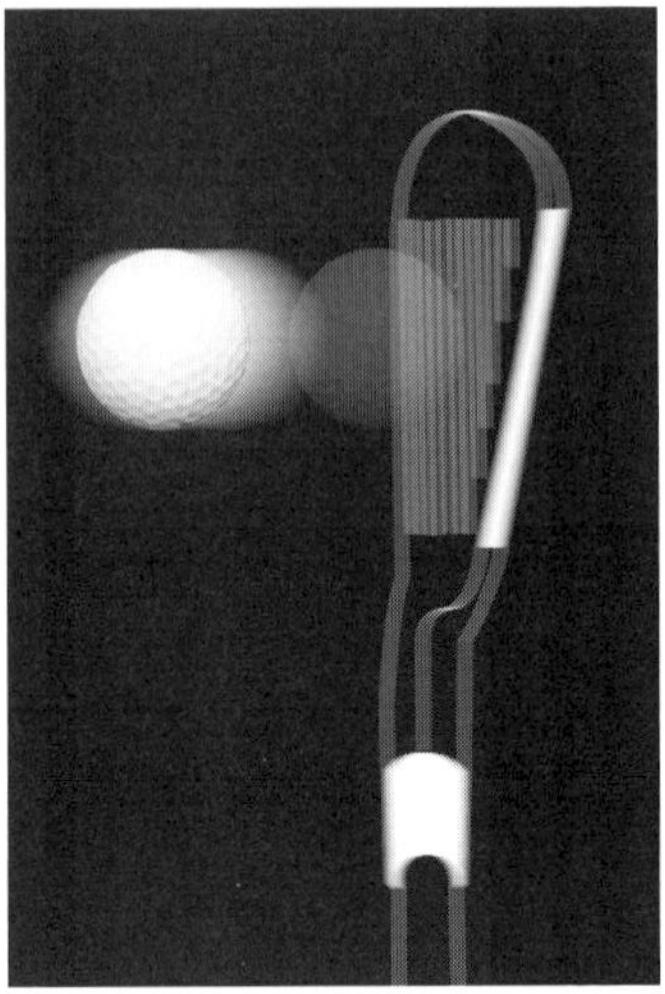

●追突の相互関係

「追突ッ」

即ち、物体に物体を最高速度でぶつける事により、静止している物体を強制的に突き動かし、ほぼ無時間で最高速度に近い数値にまで持っていく。この類似品は数多いが一つ上げれば、

「ゴルフのボール」

である。静止しているボールを耳かきの親玉のような鉄棒でひっぱたくと、嫌でも遠くへ飛んでいく。この場合、

「叩く」

「飛ぶ」

はほぼ同時で、無時間であり、誰かさんのように叩かれて怒ったりしない。

さてここで、私は大事な事を言わねばならない。それはゴルフにおける、

「ボールと打撃棒の重さの関係」

についてだ。ゴルフの場合、ボールが小さく軽いから飛んでいくのであり、もしこれがボーリングの球ほどもある鉄球の場合、逆に打撃棒の方が弾き飛ばされるであろう。

「物体に物体をぶつけて飛ばす」

これは、ぶつける物体よりも、ぶつけられる物体が小さくて軽い場合にのみ成立する話であり、逆は成立しない。という事を前提に、これから、

「自分の体の一部を、自分の体の一部にぶつけて、瞬時に最高速度を得る」

という、その方法について述べます。

●再び、八段錦

まずは一言申し上げます。

「自分の体を、自分の体にぶつけて、無時間で最高速度を作る」

これをですね、

「手で手を叩いたり、足を足で蹴ったり、手で胸や腹を叩いたり」

そんな外から見える観察可能な技法と思わないで下さいね。本当の所は、

「すべては術者の体内で行われる」

のであり、本来観察不可能。即ち、

「体内で生じさせた強い波動をもって、体内の別の部分の波動を強く叩くッ」

—“体内衝突”によって抜刀する—

全身を八分割したうちの“七”を“一”に波動として体内衝突させる。すると高速振動波状の運動力が生まれ、その力をもって瞬間的に抜刀する。実際の要領としては、手と自己の正中心とをぶつける。右手〜左手と時間差で行い、その偏差によって腰が切れる。いわゆる「腰を捻る」動きとはまったく質の違う、右手が極めて素直に、勝手に飛び出していくような動きとなる。

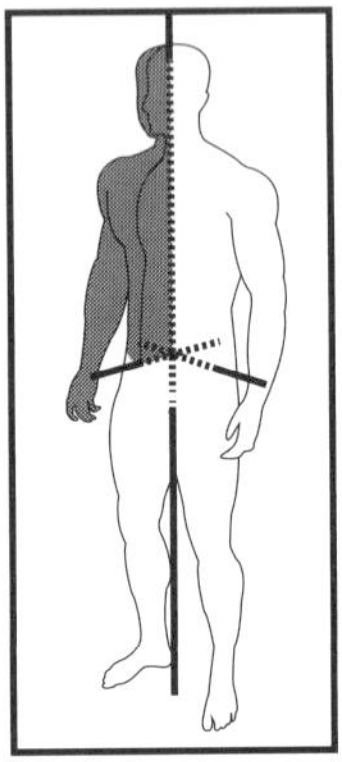

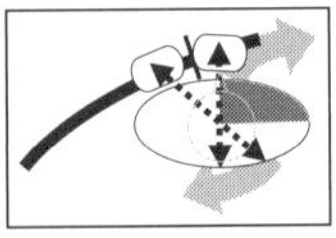

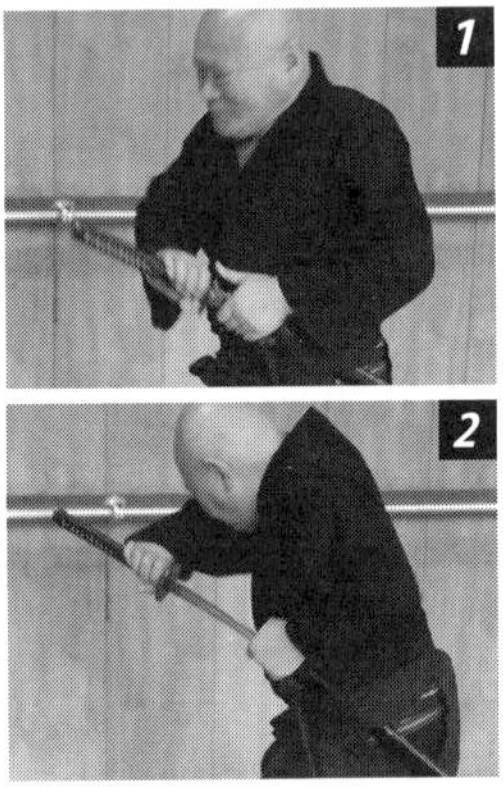

柄に手がかかった、と認識できた次の瞬間には、すでに斬撃動作を終えている。これが居合の速度。腕の動きや腰の切りを筋力頼みで加速させていっても、この動きは生まれない。“ぶつける”身遣いこそが、このスピードを生む。

という事なのです。この辺りを理解していただくには、再び「八段錦」の続きをお話ししなければなりません。前章では、八段錦の入口として、

「人体を、正確な重さに均等に、左右、上下、前後の八つの部分に切り分けたその分割面を想定し、その分割面を互いに圧縮させ、体内で力を拮抗させ、そこから生じる静止性拮抗力を得る」

として、八段錦を説明しました。今回はその続き、次の段階をお話しします。

類似品は野球のバット。最初はまず、バットを強く握り込む、静止性の訓練を入口とし、しかる後に、バットを振る動的な訓練に進

みます。全力で素振りをするに耐える、強い握力を作る事が初心者には不可欠です。という訳で、次の段階は、八つに分けた各パーツの、

「素振り」

です。左右、上下、前後の八つに分けたパーツの一つだけに意識を集中し、「右だけ」「左だけ」「上だけ」「下だけ」「前だけ」「後ろだけ」

この「一部だけ」を強く振動させて下さい。全身の力を抜いて、一部分のみ強振させるのです。要するに、

「右を振る時、左は残して振らない」
「上を振る時、下は残して振らない」
「前を振る時、後ろは残して振らない」

こうして、八つの部分を一つひとつ分割して強振させる事に成功した人は次に、

「バッティングに似た技法」

を行います。その技法の入口は、

「右の分割面で、左の分割面を叩く」
「上の分割面で、下の分割面を叩く」
「前の分割面で、後ろの分割面を叩く」

こうして、八つに区分けした人体の一区画だけを、残り全部の七区画の力で、波動としてぶつける時、その一区画は本人自身も予測不可能の速さで、飛んでいきます。居合とは、この応用かと存じます。■

意志の超越

「人類は創造の初期に於いて、心と体を完全に分離する事ができた。しかし、いつの間にかこの能力は喪われた」

「仏教哲学」

さて、前項では、

「居合は、静止状態から無時間で自己最高速度に到達させる術法である」

というお話をしました。しかし現実には、これを実行する事は通常の技では、

「まず不可能である」

と言ってよく、ここに過去の達人たちの居合術が失伝してしまった本当の理由があるように思えてなりません。過去の居合の名人達人の逸話には、

「いつ抜いたのかわからないッ」

「いつ斬ったのかもわからないッ」

「一瞬、刃風の音がしたと思ったら、もう相手の首が落ちていたッ」

というような話が多い。現在、プロスポーツの世界でこの類似品を挙げれば、全盛期のマイク・タイソン選手のジャブやストレートではないでしょうか。それと前項でご紹介した、アメリカの拳銃の早撃ちチャンピオンの抜撃ち。これ以外には私、思い当たりませんが、逆に反面教師としての非類似品なら、数多く挙げる事ができます。居合は、

「抜いた刀の刃を相手にぶつける技」

ですから、この類似品は、野球投手の投げる球。速球の最高時速１７０キロメートルは確かに速いが、それを投げるための投球モーションは、どの投手も、

「初動から投球まで2秒ほどかかる」

ので、これも参考にはならない。２秒あれば剣術家なら四太刀は斬れるからです。ゆえに、槍投げ、ハンマー投げ、投げるスポーツの身体加速技法は、

「ぜ〜んぶ参考にならないッ」

と言い切ってよい。そこでスポーツや武術の技の中にその類似品を見出すのではなく、他の現象にそれを探すと一つには、車と車の接触事故、

「追突」

を挙げる事ができる。静止状態の車でも、他の車が最高時速でぶつかれば、ほぼ無時間で爆発的な加速力を得る。私はここに居合の術理の一つを見ます。

●〝八分割〟を用いた居合

前項で「八段錦」の初歩的な応用として、まずは、

「人体を縦、横、前後の八つに斬り分けた、その切断面を互いに圧し付け、そこから生じる静止性の拮抗力をもって強い握力を得る」

という、居合における刀の柄を握る力の強化法を入口に、次の段階として野球に例えれば、バットの素振りに当たる、

「八分割した人体の一つひとつを強く振って、強振に耐える体を作る」

これを次の段階としました。さらに次は野球に例えれば、ノックの練習に相当する技法の習得であり、その技法は、

「八分割した部品の一つか二つを、互いに体内でぶつけ、その反動で手足を速く動かす」

というものです。肝腎のお話をします。普通、一つの人体には、

「一つの重心」

これが普通です。しかし修練によって意図して八つに分割した、八つの人体には、会得者の感覚として、

「八つの重心」

が知覚されるのです。すなわち、体内振動の修行によって八分割された体は、

「八つの異なる振動」

「八つの異なる重心」

を持つに至ります。その重心の位置は左右に分割した上半身の場合、前は、

「胃と、へその中間より少し外側に外れた所に、左右、一つずつ」

後ろ側は、

「背中の肩甲骨の真ん中辺りに、左右一つずつ」

上下に分割した下半身の場合、前は、

「膝の表の少し上に、左右一つずつ」

後ろ側は、

「後ろの太腿の真ん中より下に、左右一つずつ」

と、合計八つの重心が知覚されます。この八つの重心を、

「体内で同時にぶつける時」

その内的な波動の力によって、術者の手足は、動作の安全性を最優先させる、

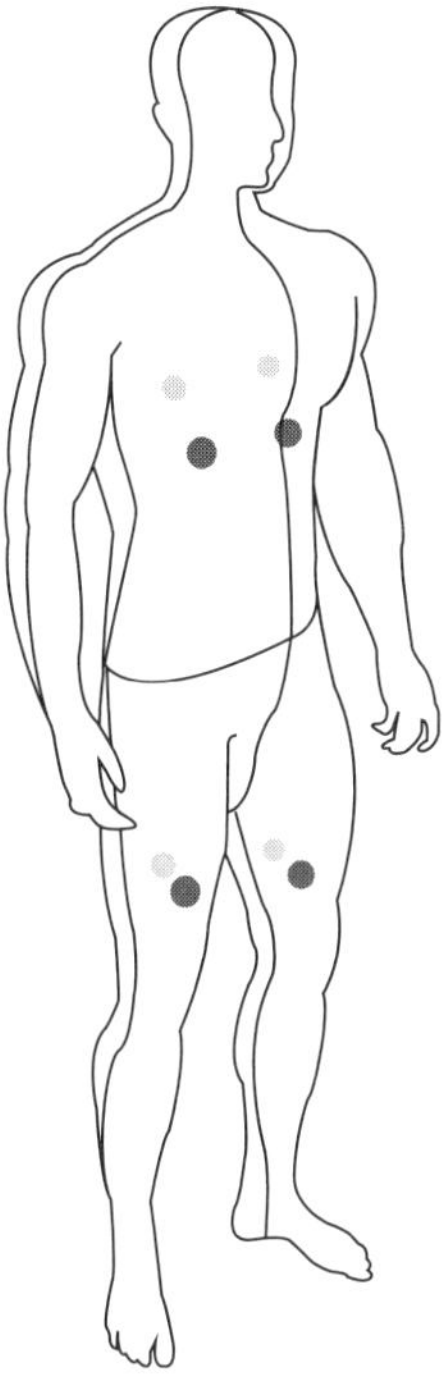

全身を縦、横、前後の八つに分割した各パーツを振動、衝突させる事がここでの“瞬速”運動原理。まず、八つのパーツそれぞれの重心を別個に知覚する必要がある。

「脳の身体防御システム」

の管理下から解放されて、本人の脳が解析不能の速さを出して飛んでいく。すなわち、チェスの駒のように、考えてからていねいに移動させるのではなく、

「ぶつけた重心が、一気に八方向に飛んでいき、行き先は本人も知らない」

のである。これの類似品は、私は三回しかやった事はありませんが、

「最初に打つビリヤードの球」

整然と並べられた複数の球に、一発の球を打ち当てるだけで、連鎖反応に似た球突き衝突によって結局、

「ただの一打で全部の球が、異なった方向に同時にすっ飛んでいく」

私は、居合にはこの理が含まれるものと思えてなりません。

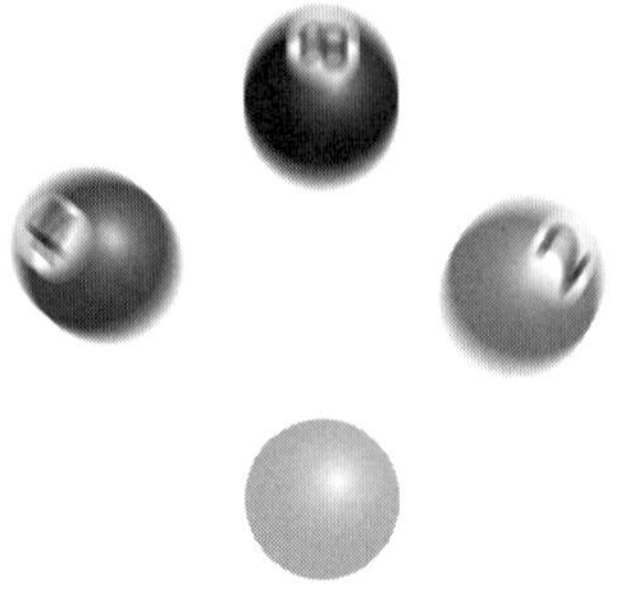

ビリヤードのブレイクでは、一つのボールを当てただけで、一瞬にして複数のボールが予測の及ばぬさまざまな方向へ初速度ＭＡＸで弾き飛んでいく。

●心と体

居合術においては、

「本人がいくら速く抜こうとしても」

その努力は実らず、遅～い簡化太極拳みたいな居合にしかならない。私の体験から言うと、それが、言えます。なぜでしょう。その理由の一つに、

「自分の心や意志で動かす手足の動作は、動作の安全

性を最優先させる脳の働きによって、規制または管理されているからではないか」

というのがある。言い換えれば私達の意図する速い動作には、

「最初から何らかの形で、ブレーキが踏まれているのではないか」

すなわち、車で言えば、全自動の車のごとく、

腰に携えた刀の柄に手をかけ、鯉口を切り、抜き付け斬撃し、納刀する。この一連動作をどんなに素早く遂行しようとしても、それが自らの意志のもとに為される動作ならば、少なからず、安全性を優先させるブレーキ・システムを作動させてしまっている。意志の及ぶ範囲で動作する限りは、超絶のスピードは実現しない。それでは……？

「本当は時速200キロ以上出せるのだが安全システムが作動して、時速140キロしか出せない」

というような、不可視の安全管理システムが内在する可能性を捨て切れない。私の嫌いな◯◯◯ビデオで言えば、

「肝臀の所に全面モザイク処理が施されているじゃないかッ。このォ〜」

というのに似ている。読者の方は、

「◯◯◯は何であろうか」

と思われるかもしれないが、私としては絶対に伏せ字にするしかない。

このようにおそらく私達の速技は、

「最初からモザイク処理されている」

ので、少しも速く動けない。本人が求める要求性能を大幅に下回る訳です。

そこで、過去の居合術においては、

「モザイクを外しちゃおッ」

というような、誰もが喜ぶうれしいような、

「いいぞ、やっちゃえ〜ッ」

というような、工夫と努力がなされた。それが何かと言えば私が思うに、

「心と、体の、分離」

あるいは、

「自己存在意識と、技の、分離」

であり、さらに申せば、類似品として、

「視覚と聴覚の分離」

という表現で皆様にお伝えしましょ。すなわち、何らかの技法で、

「心や脳と、技」

この二つを分離させないと、モザイク処理を外せない事に気付いた訳です。

中国武術や陳家太極拳の口訣に、

「用意不用力」

すなわち、意を用いて、力を用いず、というのがありますが、私の思うにこれはほんの初学者向けの口訣であり、絶対の真実ではない。本当の真実とは、

「不用意、不用力」

でありまして、意も用いてはならず、力も用いてはない、これが正解だろうと思われる。居合術で言えば、

「本人の意志で、柄に手をかけたり」

「本人の意志で、鯉口を切ったり」

「本人の意志で、刀を抜いたり」

するのは、誰が何といっても、ぜ〜〜ッたいに、いけない訳です。これをすれば確実に、モザイク処理されます。

「では、どうすればよいのか」

その一つの入口が、前述した、

「八つの重心、八つの体」

という事。八つの重心を体内で打ち合わせる事により、

「本人の意図を上回る、本人がかつて経験した事のない、速い手足の動き」

これをまず入口に、会得したいという好奇心のある人は、会得して下さい。

●体内振動による居合

居合の動作を分解すればおよそ、

1　刀の柄に手をかける
2　刀の柄を強く握る
3　刀を早く抜き、仮想敵を斬る
4　素早く刀を鞘に納める

と、この四つに、分けようと思えば、分ける事ができます。

「八つの重心、八つの振動」

を用いる居合においては、この四つの動作の一つずつに、

「八つの重心同士のバッティング」

を用います。肝腎な事は、この時、

「大脳の抑制支配を受けない、半サイクル早い時点で、早くも動作が終了する事」

に、本人が後で気がつく、という事。すなわち、居合で大切な事は、

「不用意、不用力が生み出す速さ」

ですから、その入口は、

「本人が意図せぬ所から生じる速技」この探求に尽きる訳です。具体的には、

「八つの重心の一瞬の打ち合わせ」

によって、身体を高速振動させ、

1 その振動の中で、柄に手をかけ、

―"不用意、不用力"による抜刀―

「意を用いて力を用いず」とする、中国武術の口訣〝用意不用力〟に対し、意も用いないのが〝瞬速〟を実現する居合原理。柄に手をかけ～鯉口を切り～抜刀する、といったプロセスに意を向かわせず、いきなり身体を八分割した「八つのパーツ」を振動させる事によって起こる体内衝突を、そのまま抜刀動作に転化させる事によって、無時間で最高速度に達する瞬速の抜刀を実現させる。反動操作がまったくないので、あたかも爆発物でもないものが突然爆発したかのような動きとなる。

—“振動（衝突）”で動く—

身体の八つの重心を7対1で体内衝突させると、その衝撃力は動きとしてはごくわずかゆえに高速の振動となる。この高速振動を起動源として「柄に手をかける」「柄を握る」「刀を抜く」「刀を納める」動作にそれぞれ転化させる（稽古では各動作分割して行う）。衝突ゆえに筋収縮起動とは違って初速＝最高速であり、意識、思考制御の及ばぬ領域の運動となる。

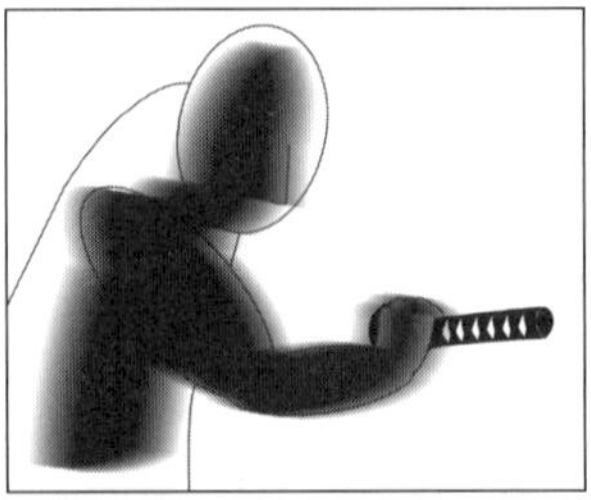

2　その振動の中で、柄を握り、
3　その振動の中で、刀を抜き、
4　その振動の中で、刀を納める

と、分けて稽古する訳です。本人の意志や、心や、意識を用いるのは、「一番最初の初段階における、八つの重心の打ち合わせの瞬間、用いるのみ」であり、次の瞬間に発生する追突事故に似た衝撃、すなわち、「無時間で自己最高速度に到達する、手足の動き」

については、心や、脳や、本人の意志とはまったく異なった速さを持つがゆえに、

「本人の動作でありながら、本人の心や、脳の動きが取り残されて、付いて来られず、一瞬、置き去りにされる」

私はこれぞ、日本武術で言う所の、

「残心」

ではないかと思います。多くの人は、

「技を極めた後、仕留めた敵の万が一の反撃に備えるための、心の用意」

という意味で、型や演武をなさいます時に、あえて残心のポーズをしますが、本来の残心とは、別物かもしれません。

●稽古の注意点のお話

本項で述べた私のお話について、

「実際にやってみたら大怪我したゾ」

と言われたら困りますのであえて一言。

世の中には古風を重んじて、

「拙者は、真剣でないと稽古せんゾ」

という人々が確かにおられて、その気持ちは大切なのですが、私としては、

「八つの重心を打ち合わせる居合においては、慣れるまでは、刃引きの刀をどうぞお使い下さい」

と申し上げたい。と申しますのは普通に速い速度で、脳や心の速さが付いて来られる安全圏内で、真

剣を用いて、居合の稽古をしても、怪我をする事は、慣れた人の場合、まずありませんが、しかし本項で私がお話をしたのは、

「八つの重心が体内で激突する速技」

なのです。これは多くの人にとって、

「未知の技の領域」

に属します。言い換えれば、

「日常の感触を持っていない」

と言えて、ここに危険が伏在します。すなわち、八つの重心を体内でバッティングさせて、その勢いで、

「刀の柄に手をかける」

と、制御不能の速さゆえに、勝手に刀身が鞘走って、ざっくり小指を切りますゾ。

「刀の柄を軽く握る」

と、本人が意図せぬ力によって、刀の鯉口が「バキッ」と割れて、中から刀身が飛び出しますゾッ。

「刀を一気に早く抜く」

と、本人も制御不能の速度の中から飛び出した刀身は、これまた本人の制御不能の手の内からすっ飛んで、あたかも、ホラー映画の主人公がブン回す、チェーン・ソウのごとく。あたりを薙ぎ払いながらブッ飛んでいきますゾ。世の中で、何が一番スリルを味わえると言って、至近距離から唸りを立ててブッ飛んでくる、他人の真剣ほど怖いものはない。遊園地の絶叫マシンも確かに怖いが、本当に死んじゃう怖さにおいてはこっちの方がず〜ッと上ッ。下手すりゃスプラッター映画ですわ。運良く、

「必死に見切った時の快感ッ」

もあるにはあるが、二度と御免です。

以上のごとき不可抗力の発生、おそらく多き事を予測しまして、

「慣れるまでは、真剣ではない刀を」

と申し上げた次第です。稽古する人の体や感覚が、八つの重心のバッティングの衝撃に慣れて、バランスがとれ、

「ああ、これはこういうものか」

という一種の習熟ができるまでは、スキーの初心者が初心者コースでコケまくるごとく、居合においてもコケるのです。■

消える抜刀

「七力、という事あり。倶舎に云。

腕《かいな》に、三つ。

首に、一つ。

腰に、一つ。

息に、一つ。

気に、一つ。

かくの如く、力の出所、七つあり。

腕に三つとは、掌握と云て手の内、肱《ひじ》、肩、この三つなり。肩に「骨合い」とて、二つの肩の骨を合せて打つ也。

首に一つとは、首を直に強く持つ也。

腰に一つとは、腰を直に強く振ゆる。

息に一つとは、息を強く詰むる也。

気に一つとは、気を強く発する事第一也」


「示現流兵法書」

さて、前項では、

「人体を八分割した時の、八つの重心が体内で激突した一瞬に生じる早技」

として、居合の技のお話をしました。読者の皆様の中には、首を傾けつつ、

「八つの重心の激突なんて、そんな技、昔の古流にあったのかなあ」

あるいはまた、もっとひどいのは、

「頭のおかしいアンタの勝手な想像に過ぎんのでないのッ」

というごときご意見もあろうはずである。このような、反論に対しての私の見解は、

「私としましては反対意見のすべてに賛同ッという立場をとるものではないが、さりとて、全面否定をとるものでもない。このようにご理解していただきたいのです」

そこで、この辺りで実証というか物証（物的証拠）の一つとして、薩摩の、

『示現流兵法書』

をもって、古流に伝承された、

「重心のバッティングの技法」

についてご紹介する。そこの、

「近藤の奴は頭が非常〜に、変ッ」

と思っている、後列から二列目で左から四番目の貴方ッ。その洞察力は、

「99パーセント正しく、1パーセント正しくないッ」

と申し上げておこう。残念ながら常に、

「真実は残りの1パーセントに隠されている」

ものなのだ。物事の真実は常に、莫大な努力を支払った結果、意外なほどにほんの少ししか手に入らない。類似品は、金鉱脈の金鉱石。純金は、

「1トンの金鉱石から、7グラム」抽出できれば立派に企業として採算が取れるという。すなわち、

「百万グラムにつき、わずかに7グラムでOK」

これ、何パーセントかと言えば、

「一万分の7パーセント」

純金7グラムは約、パチンコ玉一個の大きさや重さである。それが1トンの土石から採取できればいというのだから驚きだ。この点、私の場合は、

「一万分の7よりず〜ッと高品質の、1パーセントもの高純度を常に保つ」

のである。これをもって、私の正しさの純度がいかに高いか、我ながら言い訳じみているが、お分かりいただけると思う。

では、示現流の古伝書を意訳します。

「七つの力の出る処、という事が当流にある。仏典の倶舎論にも載っている事だが、それは、
腕に、三つ。

首に、一つ。

腰に、一つ。

息に、一つ。

気に、一つ。

このように、力の出る場所が七つある。精しく説明しよう。腕に三つとは、掌握（強～い握力の事）といって、手の内（指の曲げで掌を折りたたむ求心力）、肱（肘に垂直に加える引力の力を加えた落下力）、肩（肩に垂直に加える引力の落下力）、この三つが、自然の引力を利用する技だ。しかし当流には、引力の作用とは別に強い力を出す技法があり、それを、

「骨合い（骨と骨を互いにぶつけ合う事）」

という。これは、二つの肩の骨、すなわち左右の肩甲骨を、互いに強く合わせて打つ事をいい、別の表現で言えば、

「左右の肩甲骨のバッティング」

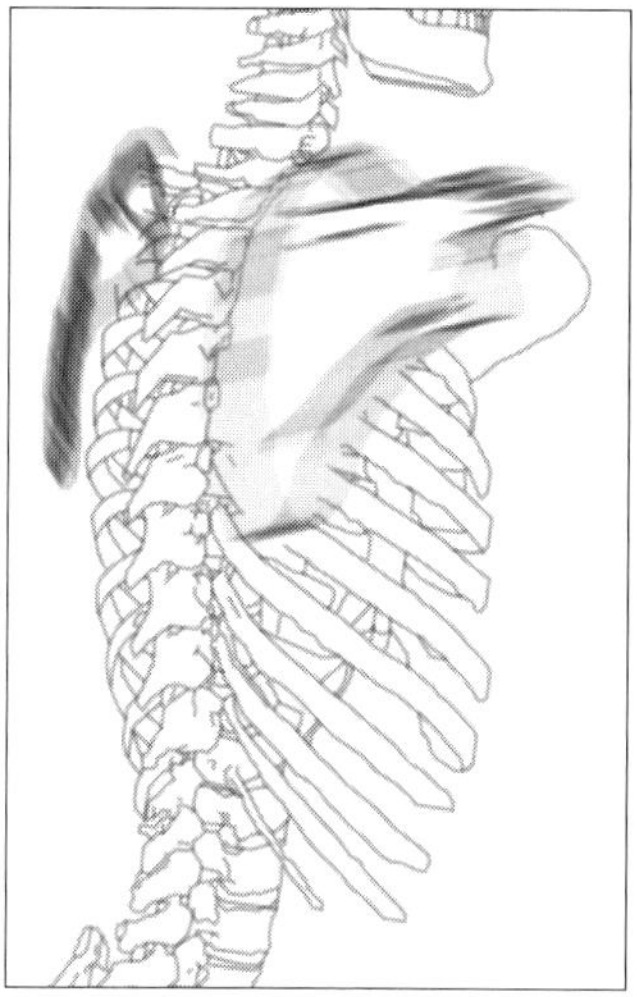

である。

首に一つとは、首を垂直に強く脊椎に引き付ける事をいう。

腰に一つとは、腰の位置で二分割した上体の力を、再び腰に据え直す。

息に一つとは、息を強く詰める事。

気に一つとは、以上の六つの力の出し方はすべて、気を強く発する事を第一に心がけて行うのである」

「示現流兵法書　意訳」

以上をもって、ほほ〜ッ、なるほどと、

「重心のバッティングは、昔日の古流にもあったのだなあ」

と思える人や信じられる人に幸福あれ。

「左右の肩甲骨のバッティング」

これを言葉通りに受け取っては、いけませんゾ。伝書に書いてある通りに、

「二つの肩甲骨を合わせて打つ」

な〜んて事は、人類が70億人いても、一人もできる人は、おりません。現物の左右の肩甲骨を、実際に互いに打ち合わせるのでなく、

「人体を上下、前後に分けた背中側の上半身を、左右に分割した時の重心点はまさに、肩甲骨の中心辺りで、これをぶつけ合うつもりで、力を出すのだ」

というご理解をお願いしたいものです。大切な事は、古流において、

「骨合い」

という技法名の、バッティング技法があったという事。これを知らないと、

「左右の肩甲骨を合わせ打つ、な〜んて出来もしない事を書いているから、やっぱりこの古伝書はインチキだッ」

という事になってしまう。そうではない訳ですね。『示現流兵法書』は図書館に行けば誰でも見れます。好奇心のある人は、自ら全文を確認して下さい。

●肘不離肋の居合

さて前項で「用意不用力」ならぬ、

「不用意、不用力」

すなわち、小難しい事を申しますが、

「本人自身の意志も用いてはならず、本人自身の平凡な力も、また用いてはならない」

という、非常に難解なお話をしました。私が思いますに、この辺りから先が、

「居合術の奥妙に迫る領域」

となるはずでございまして、自分の意志や、自分の技で居合を抜いている人には、失礼ながら一生かかっても、

「おそらく参入し得ない高次の領域」

という事が出来ると思います。私の、程度の知れた、自慢じゃありませんが、低う〜い知的水準では、とてもじゃありませんが解析不能ですので、ここは例によって、カンニングというか、

「古伝書の力に助けていただいて」

居合術最高の難関の、お話をします。

居合術の難関は、何度も申しますが、

「いかにして、初動から無時間で、自己最高速度に、刀身を加速し得るか」

にあります。言い換えれば、居合術の達人とは、初動の速さ、すなわち、

「刀の柄に手をかける瞬間、すでに自己最高速度に到達している」

という事なんですね。ここが、大事。すなわち、一般に言われるような、

「刀を抜くのが早い」

とかあるいは、

「鞘離れの瞬間が早い」

居合が求める動きは初動が最高速度である事。それを実現するためには、西洋式身体操法から脱却する必要がある。

とかいう次元のお話ではない。実は、

「それ以前に、すでに最高速度に到達」

と、これが必要な訳ですね。居合に限らず、日本武道の教えに、

「序」「破」「急」

というのがある。聞いた事ないですか。

その意味する所は、

「初めは処女のごとく、終わりは脱兎のごとし（最初はゆっくり、最後は早くッ）」

だそうですが、私としましては、

「処女も脱兎も、私は知らんぞ～ッ」

であり私の知らない未確認生物で、

「武術の技を例えても訳分からんわッ」

と一応、抗議をしておきます。さて、

「肘不離肋」

という太極拳の口訣があり、意味は、

「発勁打法の出手においては、腕や肘は肋骨に強く密着させ、少しも離すな」

という事です。同類の口訣が薩摩の示現流にもあり、それは、

「左肱切断」

という口訣。伝書『兵法察見』には、

「いましめの　左の肱《ひじ》の動かねば
太刀の速さを　知る人ぞ無き」

すなわち、太刀打ちの時、左の肘をまるで緊縛したかのごとく、いましめて（固定して）打ち出せば、太刀の速さが人間の眼に確認できないほどの早技となる。という事を教えています。この辺り、

「訳分からんッ」

という人がほとんどではないでしょうか。多くの人が習っている技のほとんどは、

「いかに自力で手足を早く動かすか」

という、この事ばかりだからです。

「打撃において、腕や肘は、脇や肋骨に強〜く密着せしめ、人為をもって動かしてはならんッ」

という教えは、言い換えますと、

「自分の意志や自力で、手足を動かす事は今後一切、あいならんッ」

これと同じですから、ほとんどの人は意味不明となりやすい。すなわち、現代の西洋式身体操法を知識の土台とした考えでは、

「何で、自分で手足動かして悪いの」

「何で、肘を脇にくっ付けるの」

「いつまで、くっ付けるの」

「いつ離すの」

いろいろと文句も出ましょうが、昔日の、古流武術の達人たちの見解を述べれば、

「肘や腕は、ず〜ッといつまでも脇や肋骨にくっ付け続けて、自分の意志や自力で離すことは、あいならんッ」

すなわち、居合においても、術者の体や肋骨に、指や、手や、腕や、肘はず〜ッとくっ付けっ放しで絶対離さない。私はこの、しつっこい密着ぶりを、

「秘技、お宮」

と名付ける。若い人は知るまいが、『金色夜叉』という昔の小説に「お宮」という芸者がいて、これが男と離れない。

「お宮ッ、俺と別れてくれッ（貫一）」

「嫌よッ、貫一さんッ。別れろ切れろは芸者の時に言うセリフよッ。今の、今の私にはいっそ、死ねと言ってちょうだいッ（と言ってしがみつくお宮）」

という訳で、立腹した貫一が廻し蹴りで蹴り倒したくらいでは離れない。まるで瞬間接着剤みたいな

女である。同様に、

「居合においても、抜刀においては術者の指、手、腕、肘は、体や脇に密着せしめたまま、これを維持し、決して自分の意志で離してはならんッ」

では、ここで出る当然の疑問として、

「自分の意志で抜刀するのでなければ、一体、誰の意志で抜刀するのだ」

結論から述べれば、それは、

「体の意志で、抜刀するのであるッ」

これは、本人の心や、本人の意志とは無関係の、似て非なるもの。現代では、

「ボディ・インテリジェンス（高次の肉体知性）と呼ばれるもの」

が一番近い表現であろう。私が思うに、

「過去に存在した、高次の居合術」 とは、本人の心や意志の加速の代わりに、

「未知なる肉体知性を圧縮、炸裂させて加速する術法」

であった可能性が高い。推論を述べる前に、

「肉体知性の圧縮と炸裂とは、いかなる感性のものか」

一つの例をもって、皆様が自らその存在を確認してほしい。それは、

「極限の速度で、手を振るッ」

という実験だ。皆様に、

「は〜い、一、二、三で手を最高に速い速度で動かして下さいな」

と言えば大抵はほとんどの人の場合、

「空中で一直線に、手を早く振るッ」

これを実行されるはずだ。しかし、それよりもっと早いやり方がある。それは、

「テーブルの上に指を置き、指の腹の肉の反発力を利用して、一気に指をは跳ね上げるッ」

というやり方だ。これ、習熟した人がやれば、近くで見る限り一瞬、

「まるで手が消えたように見える」

ものである。この原理の類似品は、

「航空母艦のカタパルト」

である。航空母艦に搭載された戦闘機を蒸気の力で射出するカタパルトは、総重量10トンを超える戦闘機を射出する場合、その射出力は弱く見える。しかし実際の力は、乗用車ならば2キロメートル先に、一気に射出する力を持つ。初速においては断然、車の速度を抜いているはずだ。これに似たやり方が手を早く動かす動作にもあり、それは、

「手の指の腹と、テーブルの間に生じる反発力の応用」

であるとともに、

「足の指と足の裏とが、大地の間で生じる反発力の応用」

である。すなわち、習熟した者は、

「大地の反発力に吹っ飛ばされるように、手を早く振る事ができる」

という訳だ。ここで出る質問として、

「居合の時、テーブルが必要なのォ」

最後に、私がお答えしておこう。

「居合にも、テーブルはある。それは術者の、脇、肋骨、鍔、柄、鞘である」

指の腹が密着した体表は、すべてテーブルとして使え、居合はその応用で、無時間で、自己最高速度に達するのだ。■

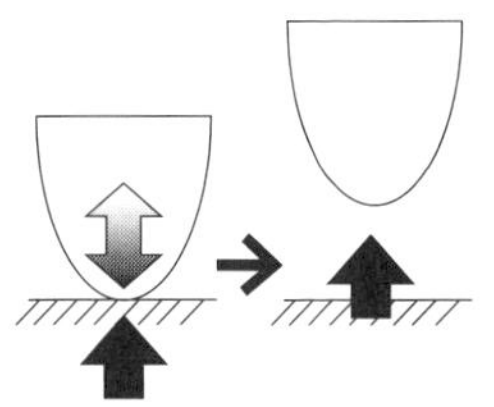

身体は常に微細に“振動”しており、それによって、接触物との間には常に反発力が生じている。この反発力の一つを瞬間的にとらえる事ができれば、“筋力運動”でなく“衝突”により指がテーブルから離れる動きが生まれる。

「手を最高速度で動かせ」と言われたら、誰もが一直線状に、筋力主導の動きをする。この動きの速度には限界がある。

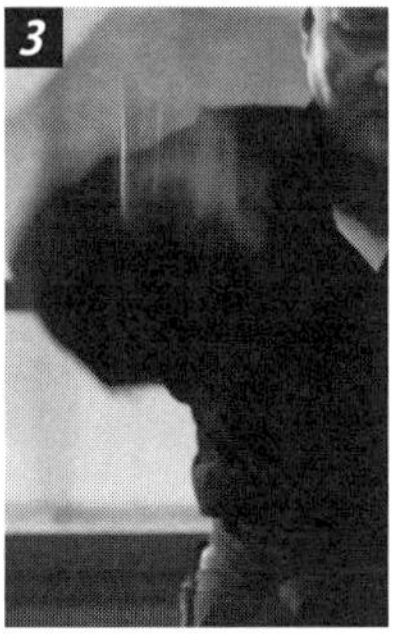

テーブル上に指を置き、その指がテーブル面から受ける反発力を殺さずとらえ、それを利用して動かす。これがかなうと、たとえ移動距離は短くとも、目視では追い切れないくらいの早さになる。

「腕を早く動かそう」とする運動システムでは“初動＝最高速”は実現しない。腕、肘は脇に付け「動かそうとしない」事を前提とする。意志とは無関係に、“体内反発力”の結果として手は離れ、刀が抜ける。この時の運動こそが“初動＝最高速”となる。通常、“体内反発力”は意図的な運動や力みなどにかき消されてしまうが、この力を殺さず動きに昇華させる事で、瞬速の抜刀は実現するのだ。

〝反発力〟をとらえるトレーニング

手の甲で

原理上、接触点は身体のどこの部位でも可能。手の甲をテーブルに着けて、その接触点に感じる反発力を瞬間的にとらえ、それに乗じて手を持ち上げる。手の向きは逆だが、動きの質は指腹の時とまったく同じになる。

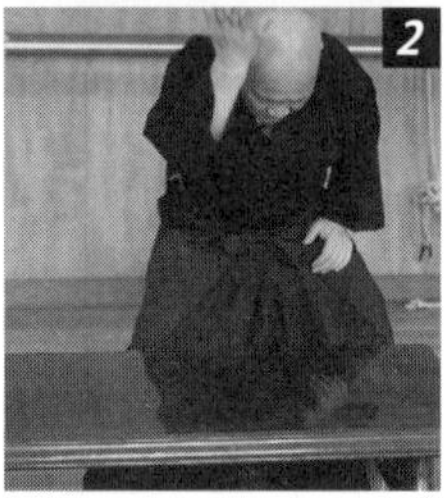

足指、足裏で

足指、足裏で、床からの反発力をとらえ、その力で足を持ち上げる。棒で足をつついてもらいそれよりも早く持ち上げられるか。出来てくれば相手のつつき始めにはもう足が上がりきっているくらいの早さに到達する。

第6章

潜在能力を最大に活かす法

必殺の一撃

重いパンチを撃つ法

打撃は、パワーがピークに達した瞬間、目標に届くように、上手くタイミングを計らねばならない。則ち肩の伸長は、左脚から上って、両肩を通り、右腕へと続く動きを含む、最長のリーチを用いて行う、という事だ。

「ブルース・リー」

さて、最終章のテーマは、

「必殺の一撃」

についての探求である。そこの、

「や〜ッと終わりやがったなッ」

と立ち読みしながら喜んでいる、いけない貴方。帰りに動物園から逃げたホモのゴリラに強姦されないように♡。

ず〜ッと前から私は、稽古において
「血を見るような稽古はしないこと」

「絶対に、怪我人を出さないこと」

「他人を、不具者にしないこと」

をモットーに指導してきたつもりだが、時には、弾みが付き過ぎて、大出血サービスを心ならずもさせてしまったり、気絶者を出してしまったり、いろいろなトラブルが発生したために、剣術では真剣の型稽古を禁じ、模擬刀を用い、拳法においては、顔面に当たっても、派手な音がするだけで、決してダメージのない、人にやさしい、

「軽う〜い稽古用のパンチ」

を用いて稽古してきた。この当たっても怪我をさせない、やさしいパンチのコツを一事で言えば、

「指先だけを当てるパンチ」

これに尽きる。則ち、指の第一関節の辺りだけを、素早く顔に当てて、素早く引き、決して握り拳で重く打ってはならない。これを喰らい続ければ確実に初心者は、ムチ打ち症になってしまうからである。ただでさえない頭を、これ以上悪くされては困るので、貫通力も、1センチに止め、決して後頭部までエネルギーを貫通させては、いけない。人体の表面だけを打つパンチは、怪我人の出しようがなく、当たってもダメージはゼロに近い。ただ、速さだけは一切手加減無用で、実戦を想定した最高速度で行うこと。速さまで手加減して、

「遅〜いハエの止まるようなパンチ」

で稽古しては、何のための稽古か分からない。初心者は異常に近い接近した間合からの稽古を特に嫌がり、２メートル以上離れた間合から、自信満々で、

「さあっ、いつでもどうぞッ」

な〜んていうが、そんなモンいくら私でも、

「手が届くかいッ」

もっと近い間合で、その場を動かず手が届く距離で稽古してほしいものだ。

「ええ〜ッ、こんな近くで殴られないといけないんですかあ〜」

なんていう人もいるが、初心者の眠った本能を起こすには、これ以外ない。見る前に動く体が必要だが多くの人は、

「もっと相手の動きを良く見なさい」

とか、後手にまわる事を教えて、肝腎の、

「人間に内在する潜在能力の一部」

を、忘れ去られた能力として取り戻す努力をしていないから、いつまでたっても、素人は素人のままで、玄人の領域に上達する事が難しい。すなわち、

「未発の中に勝機を見出し、敵の攻撃の機先を制して動ける能力」

がどうしても会得できない訳である。物事の深奥や、高次の技法の会得は、

「肉体を極限まで追い詰めたときに、自ずと神仏の助けによって、感得するべきもの」

と言った人がいるが、本当であろう。それまでは、その分野の、素人である。

素人は、玄人から見れば、立っているだけの人形のようなもので、ごく短い、断片的な睡りを、常に脳がしている事実を決して知らないから、瞬間的な睡りの一瞬を、強く握った拳で叩けば、怪我をする

のは必定である。そして、場合によっては、不幸な事に、

「一生治らない怪我」

を知らずに与える場合もある。あるいは一発のパンチの当たり所が悪く、ために30分経っても、40分経っても一向に気絶したままで起きてこない人。これも加害者の心臓に悪い。私など、

「もし死ねば警察、裁判、投獄かッ」

と心不全の発作を起こしたい位であったが、機転の利く人が水をブッかけ、ようやく意識が戻り、事なきを得た。私が狂喜した事は、申すまでもない。

「殴った相手の意識が戻らんッ」

という悲劇は、同じ戻らんでも、

「ウチの嫁が、風呂へ行くと言って出かけたきり、５年も戻らんッ」

という以上に、当事者に不幸を呼ぶのであった。以上、このような失敗談をあえてした理由は、今回のテーマが、

「必殺の一撃」

であるからだ。この探求は、非常〜に危険な技法を自ずと含む。自ずと、

「刑事事件」

に発展する怖れを、十分に含みます。ゆえに私としては、読者に対しまして、

「もし会得しても使っちゃダメよ♡」

としか言いようがない。誠に無責任なようだが、本項で述べる技法の行使はそのすべてを自己責任と

し、たとえ本項の内容を理解し、それを実践した人がいかなる刑事罰を喰らおうとも、私は一切関知しない事を、まずお断りしておく。恐ぁ〜〜い心霊ビデオの場合、

「このビデオはすでに御祓い済です」

と安心させるが、私自身の御祓いも、本項の御祓いもしていない。安心して使って頂いては困るのである。

●重さの探求　其の壱

さて、私が工夫した稽古用の軽いパンチが指先だけで人を打ち、絶対に、

「他の部位の重さを加えない技法」

であるなら「必殺の一撃」の探求は、まさにこれと逆の技法を考えればよい。すなわち、一撃において、

「他の肉体部位の重さを、拳に加えて加えて、加えまくるッ」

という、この辺りの研究となる訳だ。なお、打撃の威力は、ご存知の通り、

「重さと、速さの二乗の積である」

のだが、まずは、

「人工的に作り出す、重さ」

に標を絞って考えてみよう。すなわち、

「拳の重さの増加によって得る威力」

という研究だが、当然ながら修行によって、人間の拳が物理的に重くなる事など、まずない。ゆえにここは、拳という末端を肥大させるのではなく、ただ、

「拳に、全体重を上手に乗せる工夫」

という事で御理解を願っておきたい。

さて、大人と小学生がぶつかると、必ず小さい小学生の方が弾き飛ばされるが、実に同様の事が、素手で人体を打った時にも生じる。すなわち、普通の人の平凡な拳と、平凡な技術力で、鍛えに鍛えた人の腹筋を打つと、何とも情けない事に、

「叩いた人の拳の方が、逆に弾かれてしまうじゃ有馬温泉か♡」

という結果を必ず生じる。間違っても、

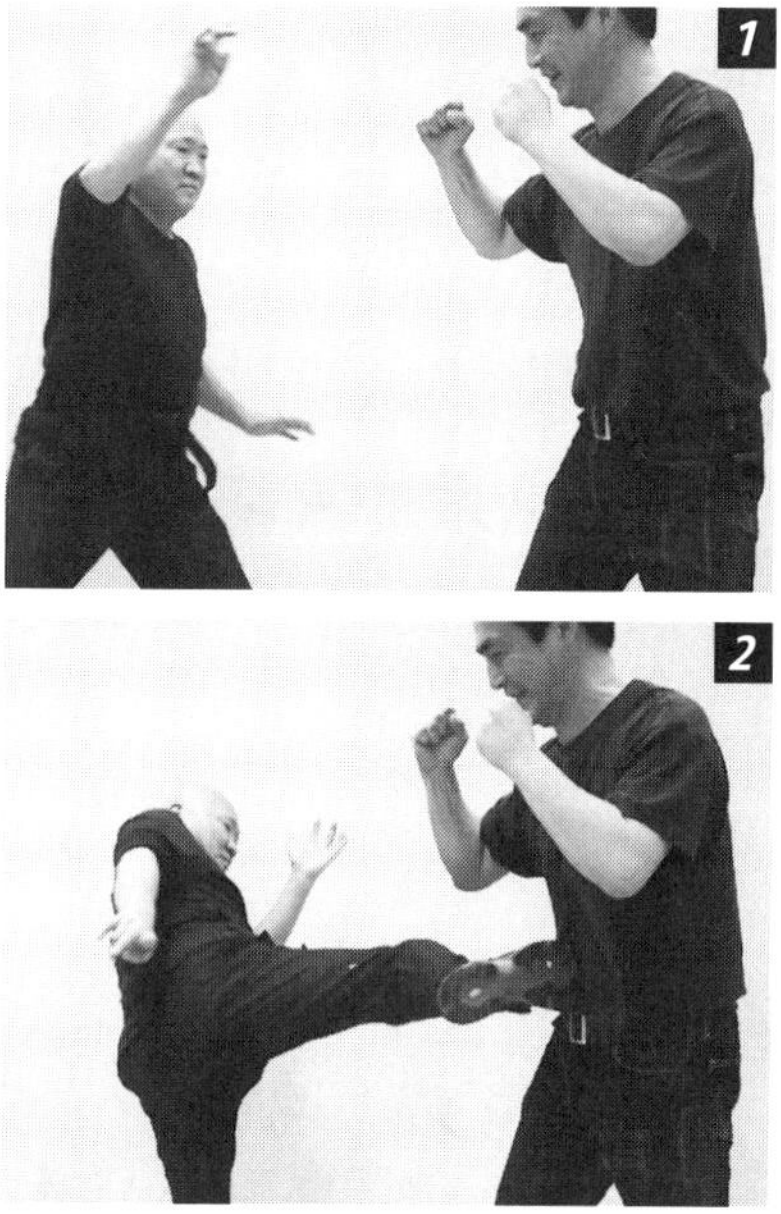

鍛えられた腹筋、あるいは脂肪層に覆われている事の多い腹部に打撃を加えても、思いの外、効かせる事ができない。ある部分を除いては……

「ウ～ンッ」

といって倒れたりは、絶対にしない。これは突きに限らず、蹴りも、同じ。私どもは若い頃、実戦を想定し、

「人体は、突きや蹴りのダメージに対して、どれだけ耐えきれるかッ」

を、腹筋に部位を限定して、試した事がある。頭は危険だから、やらない。

「実戦で、素足で蹴る事はなかろう」

という訳で、先の尖った革靴を履き、革靴の先が喰い込むように、思いっきり廻し蹴りで蹴り込むのだが、何と、これがまるっきり、効かない。皆、平然としている奴ばっかり。

「痛い事は痛いですが、奥まで入ってきませんな」

私としては、どんな具合に悶絶するのか、それが楽しみだったのに、当時は鍛えた人ばかりだったので、誰もＫＯされなかった。ただ、アザはできます。皮膚と脂肪層は、靴先の一撃で確実に潰されるので、私ら全員に直径４センチ程の紫の内出血が、蹴られた数だけ正直にできた。しかし、鍛えた腹筋を貫通するまでの威力は、誰も出せなかった。これが肋骨だと、おそらく蹴り折られたと思うのだが、鍛えた腹筋とは、やたらに頑丈なものである。足で蹴っても、手で叩いても平気ゆえ、最後は金属バットのフルスイングも試したが、

「キンッ」

と金属音がするだけで誰も倒れない。頭なら即死だろうが、そこで教訓。

「実戦で腹筋を打つのはよそうね♡」

では腹筋以外のどこを打つかといえば、似て非なる部位の、ミゾ落ちである。

「な〜んだ、そんな答か、下らね」

「教えられなくても、知ってるよッ」

というなかれ。ミゾ落ち、あるいは、

「水月」

と呼ばれる部位についての深ぁ〜い殺しの知識を持つ人は数少ないはずだ。例えば、読者の方々は、

「わずか刃長1センチの超々ミニサイズの刃物でも、人は刺殺できるッ」

という事実を知っているであろうか。

その部位は「水月」である。これは、

「肥満体で腹が飛び出た人も同じッ」

で、ヤセ型、肥満型、関係なしに、刃の長さが1センチ以上ある刃物なら、十分に人間を刺殺できる。

その理由は、どんなに太った人でも、

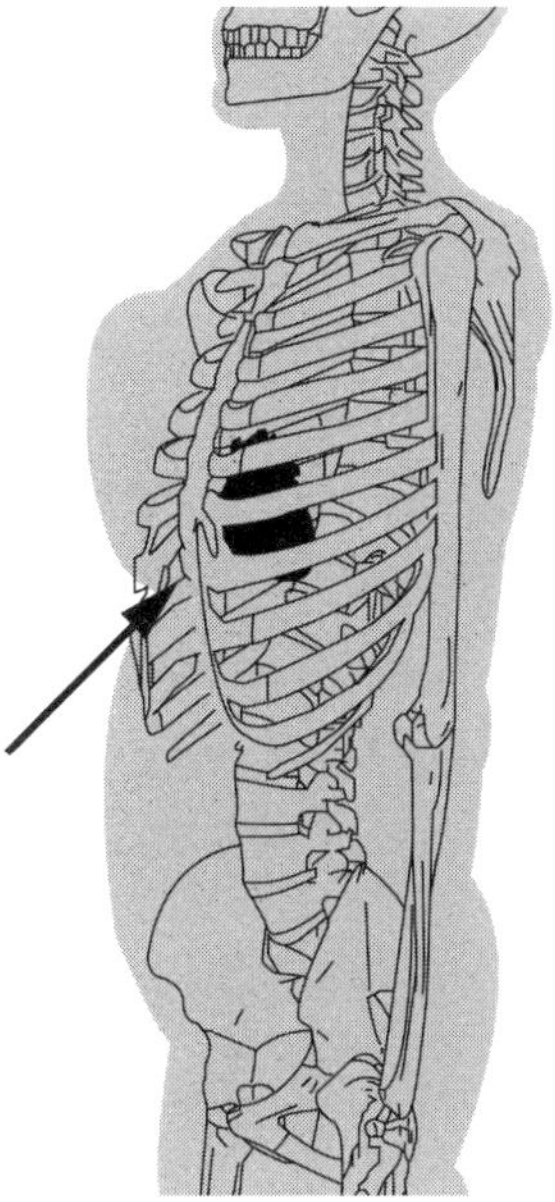

脂肪体型の人間でも、「水月」に脂肪が付いている事はない。骨格に覆われた部分と腹筋・脂肪に覆われた部分の境目に相当するこの部位を、ある角度で加撃すると、容易に内部まで到達させる事ができる。そしてそこには、心臓がある。

「水月の部位に限って、ほとんど脂肪は付いてないのよ、うふふふッ♡」

だからである。すなわち脂肪は下腹部や、両脇には分厚い層として、リング状に付くのだが、水月の部位に近づくほど、脂肪層の厚さは薄くなり、水月や、胸骨下端の剣状突起に至ると、どんなデブでも脂肪の厚みはほぼ零となる。そして、ここが危険な所なのですが、水月のほんの数ミリ真下には、動脈血管がごく浅い深度で通っており、これを二本ほど一気に切

断する事は、わずか1センチの刃長のナイフの一閃で、十分に事足りるのである。動脈血管を切断するのだから、噴き出す血液は、30センチは噴出し、もはや自力では山本リンダさんの歌ではないが、

「もう、どうにも止まらない～ッ♡」

５００ccほどの血液は、それこそ、

「アッ、アッ、ア～ンッ♡」

という間に出てしまう。病院へ行って、血管縫合手術を受けるしか、助かる手段はない。ただ、こんな危急の時でも、冷静な人が一人いて、その人が稽古用の帯の類で「水月」の位置の胴体を、瓢箪型にくびれる位に、きつ～く締め上げれば、見事に止血できる場合もあるので、危急の時はやってみよう。人一人、助ける事ができるかもしれないからだ。というのも、手足の止血は容易でも、心臓に近い場所の止血は難しいからである。殺しの話のついでに「水月」を用いての、

「心臓を切り裂く殺し技」

についても述べておこう。映画では、

「真正面から、胸のど真ん中を、刃物で一刺しッ」

これで、刺された人は実に簡単に死んでしまうが、現実とは違う。実際には心臓は、胸骨や肋骨で固ぁ～く防護されているので、よほどの力を加えない限り、胸骨を刃物で貫通させて心臓を刺す事は無理。しかし「水月」の位置を入口に、ある角度で突き刺せば、刃は容易に心臓の一番下の筋肉を、切り裂く。その角度が、正確には、

「何度の傾斜が必要であるか」

は、この口が言いたがらないから、言わない。ただ、武術の必殺技には、

「角度の秘伝」

という代物が確かに、ある。これを知っておかないと、肝腎の殺傷力がまるで発揮されず、ここ一番の危急の場で無力となる。例えば、

「水月への突き」

の場合、秘密を知っている術者の攻撃目標は、決して背骨や、未来位置ではない。拳の一撃の攻撃目標は、実に、

「心臓」

なのである。あまり言いたくないが、言ってしまうと「水月」から入れた刃先をある角度ですべらせると、それはモロに心臓の下端に大穴をあけるが、これと同じ要領で、拳のベクトルを使う時、その効果は速効的で結果は、

「心臓マッサージの逆で大変よッ♡」

と言ってよい。片方の効果は、

「止まっている心臓を、動かす」

これは人に喜ばれるが、片方の効果は、

「動いている心臓を数秒停止させる」

これは、心臓の脳震盪とも言うべき、

「心臓震盪」

が起きるからだ。話のついでに必殺の角度の参考となる、ロクでもないお話をしておこう。結論として言えるのは、

「知りたい答は解剖学の中にあるッ」

とただそれだけの話なのだが、例えば映画の中で、主人公の「必殺仕掛人」が敵の背後から、「首筋と頭の境目の「ボンノクボ」というツボから、殺し針を突き刺して一瞬に絶命させる場面がある。何も知らない人は、

「わ〜ッ、凄いッ」

となるが、何か知っている人には、

「そんなアホなッ」

となってしまう。理由は解剖学的に、あり得ないからだ。これは、鍼灸師なら恐らく誰でも知っているはずであるが、「ボンノクボのツボ」は、強靭な腱と靭帯で強固にガードされ、その奥にある「延髄」を確実に保護している。その部位の腱の固さは、半端ではなく、

「新品の革靴の爪先と同じ固さ」

であり、仕掛人といえども固定せず横から貫通できるものではない。

新品の革靴の爪先の革は、細い針を簡単に曲げてしまう頑丈さを持つゆえ、最低限、「アイスピック程度の太さと長さ」がなければ、いくら必殺仕掛人でも、

「ボンノクボから延髄へ」

殺し針は、突き通せない。という事はその殺し方は、

「うつ伏せに抑え付け、全体重をかけて上から下に一気にッ」

となる訳で、真横からの、ソフトな一刺しではあまりに絵空事である。仕掛

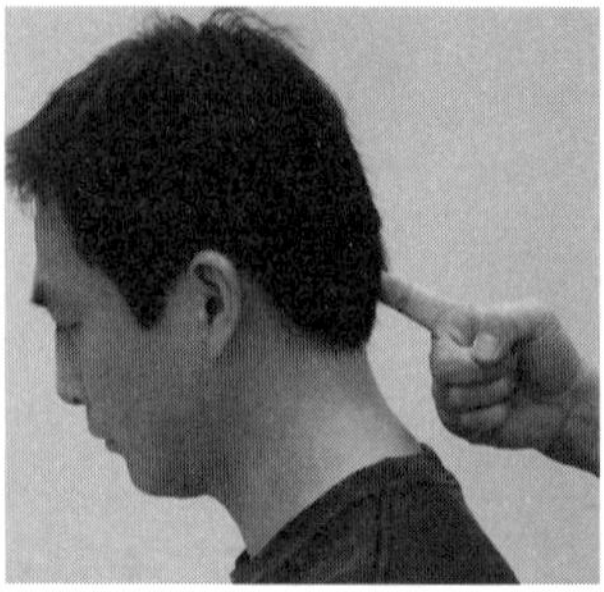

「ボンノクボ」のツボの位置。実は強靭な腱と靭帯で保護されている。

人は痛点を外して針を打つから、痛くないらしいが、普通の人がやれば必ず、

「痛ててッ、何しやがるッ」

と大騒ぎになるはずだ。ゆえにボンノクボから横に一針は、まず不可能だが肝腎の「延髄」に至る角度を知りたければ解剖学の本を見れば、一目でわかる。「延髄」への一刺しの手応えは仕掛人ではないから知らないが、「水月」から心臓への一刺しは、その手応えの類似品が手近にある。スーパーマーケットで売っている、重さ３５０グラムで、直径５センチほどのボロニアソーセージがそれである。たっぷりと食品添加物が入ったこれは、値段が４００円と安いが、「水月」から心臓への一刺しは、その瞬間のグロテスクな、

「ブツッ」

という音と感触、ともにボロニアソーセージを包装ラップごと出刃包丁で突き刺した感触と酷似する。違いは出血がない、という事のみである。でも、良い子は真似をしないでねッ♡　ついでに言うと、介錯人なしで行う切腹の、

「一人腹」

も「水月」を突く「十文字腹」であまり苦しまずに死んでいける。ただの「一文字腹」では死ぬのに丸二日かかったりするが「水月」を突くと、おそらく即死に近い形で、楽にあの世へ行けるはずだ。昔日の侍は、闘死と切腹が職業みたいなものゆえ、こうした知識は生活必需品と同様、重要であったと思われる。

●重さの探求　其の弐

さて、話を戻して、

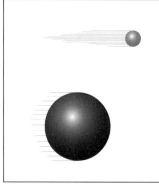

物体の運動エネルギーは、1/2 mv^2 で算出され、「質量（m）」及び「速度（v）の２乗」に比例する。
仮に拳銃弾の質量を６グラム、速度を毎秒240メートル（m=0.006〈kg〉、v＝240〈m/s〉）とすると、運動エネルギーは1/2 mv^2 ＝172.8〈J〉。速度が100分の１の毎秒2.4メートルでも、質量が60キログラムあれば同じ運動エネルギー量となる。すなわち身体質量をすべて活かす事ができるなら、銃弾並の打撃力が発揮できるはずなのだ。

「重〜いパンチの探求」

である。体重が60キログラムある人ならば、計算上は45口径の軍用銃、コルト・ガバメントの銃弾の威力と、ほぼ似たような威力が、拳の一撃で出せねばならんはずなのだが、現実にはなかなかそうはいかない。何を根拠にこんな話をするかといえば、パチンコ球は、

「約７グラムの重さを持つ」

が、軍用ガバメントの弾頭重量はこれより軽くて、約６グラムほど。しかしこれが秒速２４０メートルで飛ぶ時、その衝撃力は、瞬間的に５００キログラムを超えるから、当たればアメリカ人の巨漢でも、フルスイングの金属バットで殴られたように倒れるという。

皆様の体重を仮に60キログラムと仮定すると、それは６グラムの、

「一万倍の重さを持つ」

という事になる。突きの速さを、ごく近い数値に見積もって、

「秒速２・４メートル」

すなわち、拳銃弾の弾速の百分の一に想定しても、計算上は相殺されて等しい。

「百分の一 × 百分の一 ＝ 一万分の一」

で、計算上は威力は等しくなるのだが、現実は違う。拳が与えるダメージの方が、はるかに軽い。それは、

「拳に乗せる体重のかけ方の稚拙さ」

に一つの病因があると言ってよい。

そこで、拳に乗せる、

「上手な体重のかけ方とは」

という、この辺りの研究が必要となるのだが、これがややこしい。

●重さの合成の不可能性

日本語は難しい。丹下段平先生は、

「拳に全体重を乗せるんだ、ジョー」

と誠に勝手に言ってくれるが、私が思うに、正直な所は、

「そんな事はできっこないッ」

そう思っている。理由は地球の引力で、

「普通、人間は二本足で、地面に対して垂直に立っているから」

である。ゆえに片足で立って、

「片足に全体重を乗せること」

はできても、地球の引力を無視して、

「水平の打撃方向に全体重を乗せる」

な〜〜んて事は本来、できっこない。

「出来るッ」

という人は試しに、机の上に体重計を乗せて自分の拳を置き、まずは重さを測定してみたまえ。次に、

「右足に体重をかけたり、左足に体重をかけたり」

いろいろと重心を変化させて、拳の重さが変化するか、否か、試してみたまえ。力を抜いて、拳だけの重さをかけている限り、ほとんど拳の重さは、

「変化しない」

という事実に気が付くはずだ。大きく体重計の針を動かそうとするならば、

「脱力をやめて、故意に足や腹に力を入れて、全身の力を体重計に加える」

と、これしかない。では、

「力を抜いた重いパンチは不可能か」

といえば、そうではない。可能である。

その種明かしをすれば、部分でなく、

「全体を用いる」

これしかない。すなわち、

「切断した拳は軽く」

「切断した肘まではやや重く」

「切断した腕の付け根までは、重く」

「切断した肩付きの腕は、さらに重く」

「切断した上半身付きの腕はさらにさらに重く」

「切断した腰付きの腕はさらにさらにさらに重く」

「膝で切断した体付きの腕はさらにさらにさらにさらに重く」

「切断せずに、丸ごとの体を、一度宙に浮かせてから、体重計に拳を乗せた時が、実は一番重いッ」

という訳なのである。読者の中には、

「お前は切断せんと説明できんのか」

という人もおられるゆえ、切断魔の表現をやめて別の言い方を致しますと、

「拳だけで突く突きは軽く」

「肘をめり込ませる突きはやや重く」

「肩をめり込ませる突きはさらに重く」

「上体をめり込ませる突きはさらにさらに重く」

「腰をめり込ませる突きはさらにさらにさらに重く」

「膝を送り込む突きは致命的に重く」

「正中心と足の力を一度抜いて、重力による落下の中で、さらに落下を加速しながら打つ拳が、実は一番重いッ」

と言い換える事ができる。あるいは初心の人にはこうお伝えしよう。

「拳で打つな、肘を叩きこめッ」

「肘で打つな、肩を叩きこめッ」
「肩で打つな、上体を叩きこめッ」
「上体で打つな、足腰を叩きこめッ」
「足腰で打つな、膝を叩きこめッ」
「膝で打つな、足首を叩きこめッ」
「足首で打つな、爪先を叩きこめッ」
「爪先で打つな、踵を叩きこめッ」
「踵で打つな、正中心と足の力を一度抜いて、重力

同じようなパンチに見えて、身体のどの範囲を運動エネルギー生成の基体とできているかによって、その威力はまるで違ってくる。

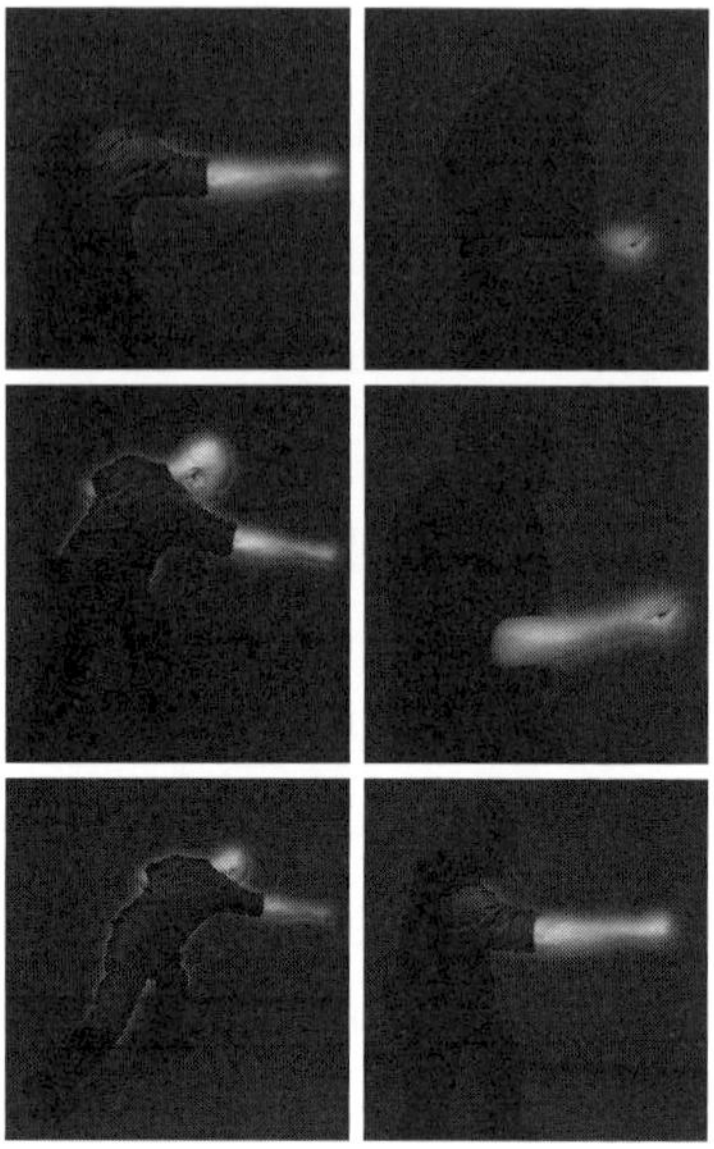

足の力を抜き、身体全体が自然落下するような状態を作る事によって〝最大質量〟を実現する。この中で放つパンチこそが、実は自然法則に則った最大出力の打撃法なのだ。踏ん張って撃つパンチが最大、という先入観があるうちは、なかなかこの操法ができない。

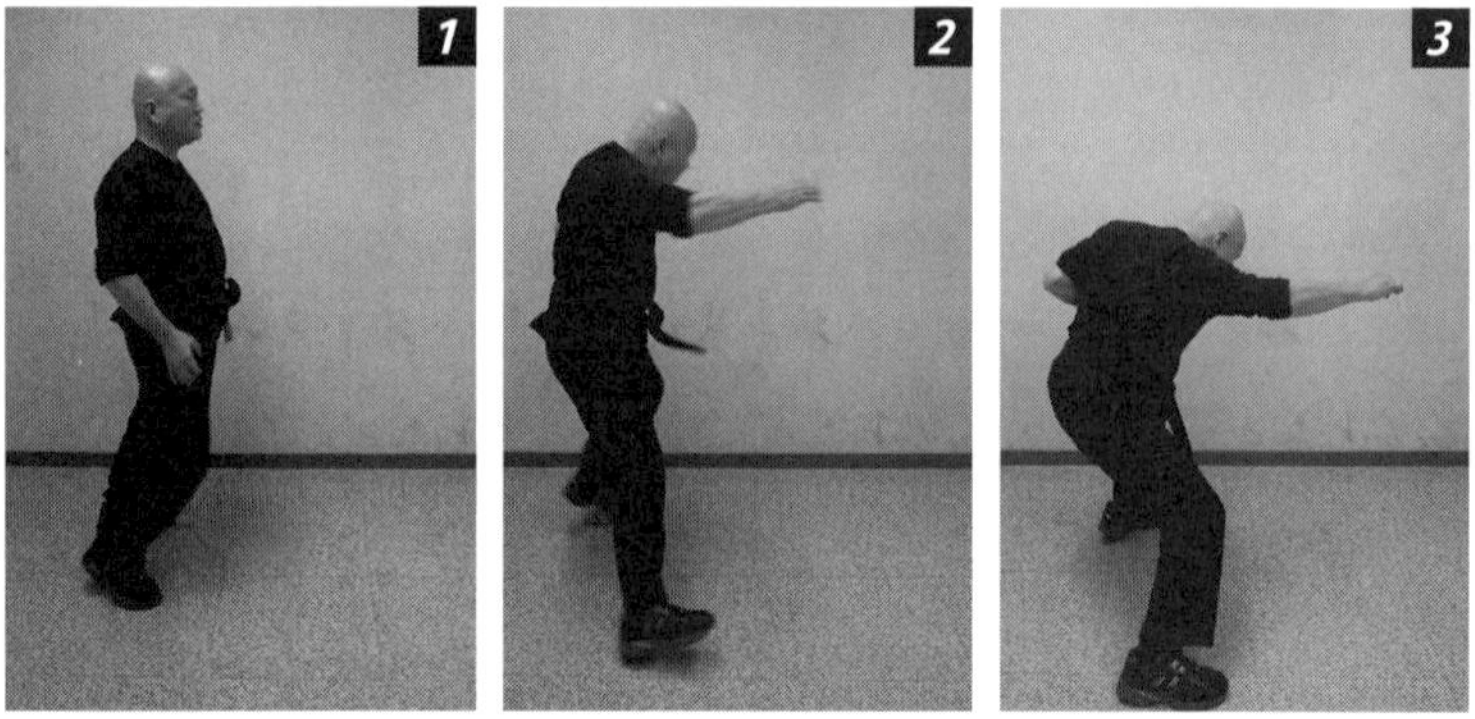

の自然落下に身を任せ、さらに落下速度を加速させながら、落下して、地面に足が着地する前に、パンチを打ち終わる拳が、実は一番重いッ」

となる訳である。お分かりいただけたであろうか。

「さっぱり分からんわ」

という人のために今少し、お話ししよう。

「武術の秘伝は、人の体の構造や機能それ自体の中にあり、外にはないッ」

というお話で、その人体の不可思議ないまだ知られざる構造や機能は、すべて、

「地球の自然法則の支配下に、ある」

という事なのである。例えば皆様が、

「力を入れて、全力で人を打つ」

しかし、鍛えた人にはまるで効かない。その最大の原因は、一人よがりの技、

「自然法則に反した技法だからだ」

という訳で、それが答だ。そこから、

「では、どうやって自然法則に自らの技法を合致させるか、その入口は」

という事に気付いた貴方は、偉いッ。気付いた人だけが、個人的な筋力の出し方を卒業し、地球の重力を味方にし、

「重力の落下を武器に、技を始める」

新たな術法に参入できるからである。

重力の活かし方

中心力は、脚の働きを借りてくれれば最も強くする事ができる。それは踏み込みと、踏み附けである。踏み込みは爪先でやり、踏み附けは踵でやる。

「肥田春充」

さて、引き続き、

「必殺の一撃」

である。ライフル銃の射撃でいえば、

「強装弾を撃てる銃器の開発」

に似た探求である。およそ銃弾には、弱装弾と強装弾の区別がある。弱装弾、則ち火薬量が少ない弾丸を撃つ銃器は、肉薄でも構わないが、強装弾、則ち大量の火薬を使う弾を撃つ銃器は、肉厚でないと、火薬の爆発力で銃本体が破壊される。人間でいえば、錬功された、

「耐衝撃性が高い肉体」

これが必要となってくる。それがどのレベルまで達し得るかは、アメリカのインディアン達が証明した例がある。スー族やシャイアン族の戦士たちは、侵略者であるアメリカ軍の騎兵隊の銃撃に対して刃

物と弓矢で対抗したが、38口径の弾を数発被弾してもなお、立ち向かい、絶命するまでに三十数発を必要とした戦士も数多かったという。三十数発を当てる間に、恐らく何人も怪我人死人が出ているはずで、これではいかんという訳で、改良版の大口径銃、45口径の弾丸と銃器が開発された。大口径の銃器で有名なのは、野生の象を一発で即死させるライフル銃、

「ウェザビー・マグナム」

だが、このライフル銃の反動はプロのハンターでも立射の場合、三発の連射が限界の反動の強さだという。則ち、三発撃っただけで肩に青アザと、打撲傷ができる。これ以上の威力は人間に対して不要だが、人間が撃てる強装弾の限界として軽戦車や装甲車を撃つ、「対戦車ライフル銃」を挙げる事ができる。使用する銃弾は、

「対空用12・7ミリ弾（50口径）」である。これは立射ができない。おそらく反動で射手の鎖骨がへし折れ即死するからだ。故に地面に伏せる、伏射姿勢で撃つ訳だが、この時「バイポッド」といって、二脚または三脚の支えを、銃身に接続して地面に立てる。これで強力な射撃時の反動が地面に吸収されて、射手は安全という訳だ。私が今、

「何の話をしているか」

といえば、人体も同様で、強力な打撃技法を行う時、二本足で立つだけの立射は、

「不向きである」

という話をしている。弱装弾のごとき、弱〳〵いパンチを出す時は、二本足だけで事足りるが、強装弾のごとき必殺の一撃を出す時は、二本足の他に、バイポッドに相当する支えが、何としても必要とな

る。これがないと、本人の頭よりもず〜ッと賢い、本能や肉体知性から、停止命令が発令される。則ち、

「体を痛めるような動作は駄目ですッ」

と、必殺の過激な動作は却下され、実害のない動作のみ許可されるが、この、

「駄目ですッ」

は、美人のママのいる飲み屋で、

「水割りもう一杯」

といった時、美人のママがやんわりと、

「駄目よ〜ん♡もう十分酔っ払ってるもの。近ちゃん明日仕事でしょ♡」

と色っぽい流し目でいわれる以上に、

「困っちゃうんだよ〜ん♡」

ねッ。どんな場合でも断られると困る。これは肉体知性も女性も同じですわ。

●第二の集合点

「過激な戦闘動作には、二本の足の外に、支えとなるもう一つの支点が必要である」

飲み屋で美人を相手に酒を飲むだけが能ではない。この辺りの事について、十分な知識がある人は少ないので、私が書く事にする。則ちですね、

「戦闘動作に不可欠な、第三の不可視の支点について」

である。我ながら最終回にふさわしい立派なテーマである。早く書き終えて飲みに行こう♡もうどん

どん飛ばして一気に結論から言ってしまうと、それは、

「第二の集合点と呼ばれる位置を支点にする事で、解決される」

では、多くの人にとって聞き慣れない、

「第二の集合点とは何か」

これに対する深ぁ〜い説明は、今回はしない。飲みに行く時間が惜しいからではない。それに要する頁数がないからだ。よって読者には、

「その正確な位置」

これだけをお伝えする。好奇心のある人は、全ての技の分野において、これを試して見たまえ。不可視ではあるが、

〝第二の集合点〟の位置

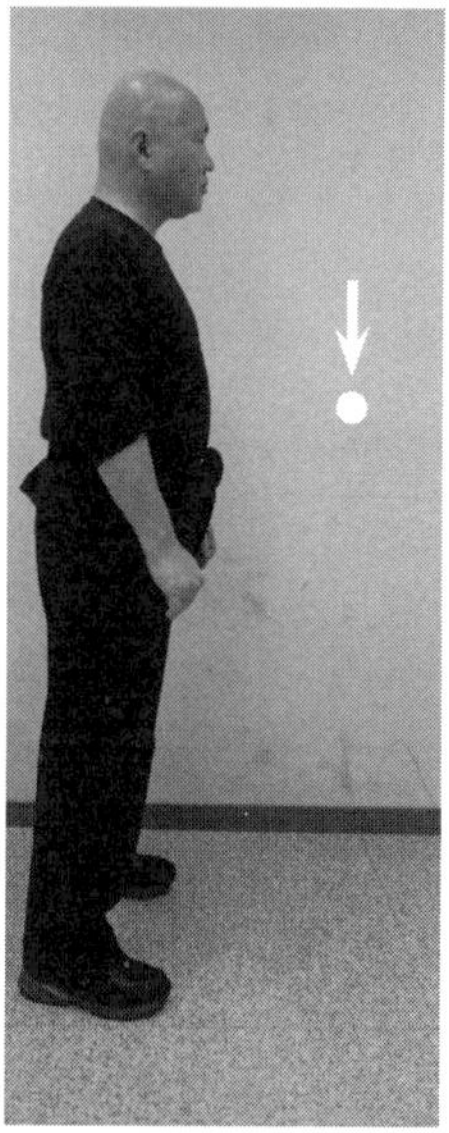

胃とヘソの中間点から、前に約45センチの位置を、中心から右に約10センチずれた、空間上の一点が〝第二の集合点〟の位置。体外にあるが、実は第一の集合点（丹田）と同等の拠点となり得る。

「決して嘘ではない。現実に有るッ」

という事が、事実として体験できよう。さて、その位置を、カルロス・カスタネダの「呪術師シリーズ」から引用しよう。「集合点」についての研究は、他の教えに類似品が全くないからだ。

では「第二の集合点」について。その正確な位置をまずは憶えていただこう。

「第二の集合点の位置は、胃とヘソの中間点から、前に約45センチ（肘から握り拳の先までと考えて下さい）突き出した空間の一点を、さらに右に約10センチ（握り拳一つ分）移動した、その空間の一点の位置に存在する」

則ち「第二の集合点」は、肉体のどこかに有るのではなく、

「磁石の磁場に似た、不可視の第二のエネルギー体の表面上の一点にある」

のである。ゆえに、肉体から離れた、何もない空間の一点に、その座標点を持つ。残念ながら不可視の存在を否定し、

「付き合い切れねえ、てめえにはよ」

という人は、これ以上読む必要なし。知的好奇心のある人だけ、ついて来るかあい〜〜ッ。過去のある僕にい〜〜ッ♡ッて歌ってる場合かッ。

●集合点の効果

人体の中心軸であるバランスライン、

「正中線」

の会得が、1ミリの誤差までは許されるが、それ以上の誤差は、技の狂いの元凶となるゆえ決して許されないように、「集合点」の会得も、1ミリ以上の誤差があってはならない。技のバランスが狂ってしまい、何の効果もそこから湧出しないからである。多くの人は、

「集合点は、見えないし触れないからさっぱり分からんのよ〜ん」

と思うかもしれないが、無色無味無形なのは、人体の中心軸である「正中線」も同じ事。人間が70億人いても、

「正中線を見た人やそれに触れた人」

は一人もいない。それは人体の内にあって、神経同様、外からは絶対に見えない。ただ、私達は「正中線」の存在を、

「バランスの感覚の中心の存在」

として、感覚の世界で黙知するのみ。「集合点」もしかり。それは感覚の世界でのみ発見されるのである。

さて、

「大体、この辺りかな」

と「集合点」を探り当てた人は試みにこの実験をしてみるとよい。それは、

「手や腕を捻ってもらう事」

両足で踏ん張るのと「集合点」に上体を据える事を加えた、三点保持の支点を持つ事で、体は普通ではない怪力を出せる。この怪力は出した本人の負担が小さい。顔が赤くならない力で、

「本人にも自覚されない不可解な力」

普通に差し出した腕を力一杯捻り上げられ、それを堪える力加減を確かめた上で（写真上列）、拳位置を正確に〝第二の集合点〟に置き直して同じ事をやってもらうと、この時の身体は両足に〝第二の集合点〟を加えた三点保持の状態になっているため、それほどに力を使わずとも堪えられるように変化している（写真下列）。この感覚は実に不思議。目に見えない拠り所に、確かに助けられているのが自覚できる。

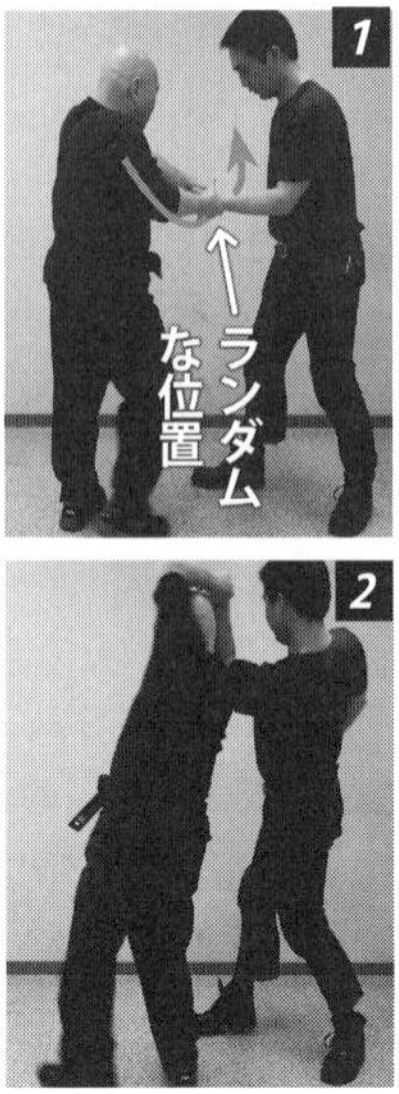

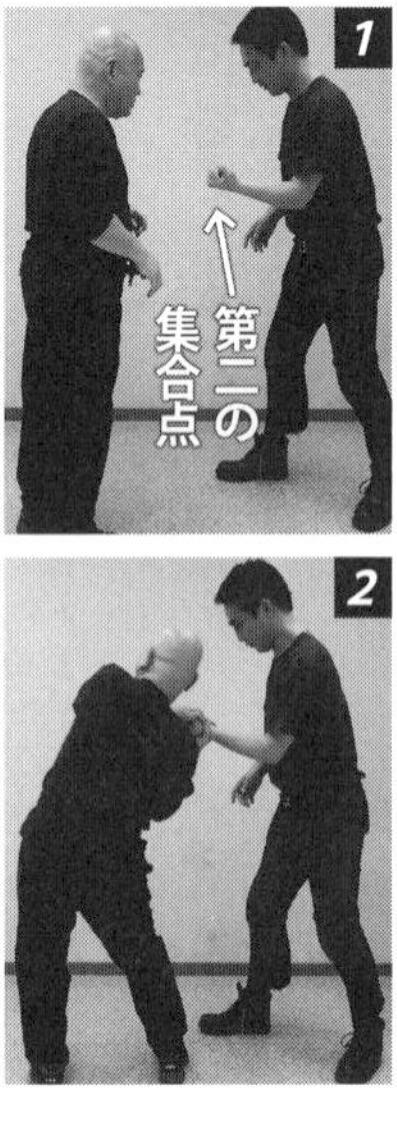

によって、本人の体は守られ、鉄のごとく頑丈になり、ほとんどの力技は効かなくなる。例外的な本当の合気の会得者以外の技法は、まず効かないといってよい。その拳を持ち上げようとしても、二人ではまず持ち上がらないほどに、重い。これを会得し能力の一部とされよ。

「第二の集合点の支点」

これが必殺の一撃の時、本人の表層意識には上ってこない、潜在的な威力となって、一撃の能力を、さらに高める。

●正中線の落下力について

「第二の集合点の位置」は、一度体が記憶すれば、まず忘れないはずだから（ボケた人は別）、使う人は、

「既に体に組み込まれた情報」

として、打突の時は忘れて使ってよい。言い換えれば、少々アホな女のごとく、

「無意識神経系統に勝手にインプットされちゃったのよお〜ん♡」

という事で、お話を先に進めよう。次は、必殺の一撃における、

「正中線の応用」

の話である。うらやましくも身長1・7メートルある人は何と、

「1・7メートルもの落下エネルギーを使ってパンチを出す事ができるッ」

という。それだけの話なのだが、情けない事に私めの場合は、小学校6年生の頃からほとんど身長の伸びと、知能の伸びは止まっているから、腹が立つ事に、五尺二寸しか落下エネルギーを使えない。責任者出て来いと言いたいが、

「汝の場合絶対、過去世の天罰やで」

という人が多いので、そ〜いわれれば、そんな気もするので納得しよう。しかし、納得できないのは、

「正中線の位置のえ〜加減さ」

である。私としては、

「コラッ。どんな場合でも、正中線は動いたらいかんだろうがッ」

と怒りたいのだが、情けない事に誠に頼りなくも、これが勝手に動きやがるのですなあ♡この辺りのお話をする前に、まずは打撃技の、

「始めと、終わり」

のお話から、始めよう。

●技法の起始と停止について

全ての技に、技の始めと終わりがある。業界用語でこれを、

「技の起始」「技の停止」

というが、パンチの場合、多くの人がいうように、足のキックや、その他のあらゆる肉体部位の急加速に、血道を挙げていたのでは、肝心の重さは常に、

「肉体の全体重から分離された、部分的な重さの活用と堕してしまう」

がゆえに、本当の重さは拳に、加算される事がない。この辺り、前項で書いたが、

「よう分からんわ」

という人は、体重計で計ってみてね。貴方の体重は地面に対して水平に体重計を置く事によってのみ、測定される。決して、主たる打突方向の、垂直面に時計みたいに掛けては測定できないのだ。この場合、体重100キロのデブ女でも、触れようによっては、ど厚かましくも、

「あらッ、私たったの5キロよッ」

という結果になりかねない。私など、

「ふざけんじゃねえッ、このデブッ」

と言ってやりたいが、言うと怖いので言えない私だが、これと似た事が実に打撃技法にも、拳に生じるのだ。すなわち、本人がいくら体重を載せているにも関わらず、結果として、

「軽～いパンチで、全然効かんッ」

という根本原因が、ここにある。すなわち彼らは、地面に対して水平に置かれた体重計の針を増加させる工夫を忘れ、地面に対して垂直に置かれた体重計の針を増加させる工夫にのみ、血道を挙げている、不思議な脳を持つ人々である。私は今になって思うのだが、

「なぜ、彼らは、地球の重力という、最も大いなる恩恵を無視するのか」

無視する人は、永遠に無視してろッ。私は頁数がないので先に行きますッ。で、地面に置かれた体重計の針を過大に増幅させる工夫とは、つまり、

「体重70キロの人が、１４０キロのハッタリの嘘の体重を、一瞬でいいから作り出す工夫である」

それは、この一手しかない。すなわち、

「位置エネルギーを利用して、体重計を両足で強く踏んで、針を回すッ」

精しく言いますと、

「人体の頭頂部を、技の起始となし、人体の正中線と地面が交わる交点を、技の停止とする、踏み込みを行う」

という事になる。多くの人々は、

「そんなアホなッ」

「力の方向が、垂直じゃないかッ。人体を踏み殺す場合以外、使えないッ」

「第一にだね、垂直方向のベクトルをどうやって、水平方向に切り換えるのかね、近藤のバ～カッ」

と色々な不満があろうが美川憲一風に、

「小田真梨なさいッ」

と私は言いたい。それは、

「常に着地していて、決して跳躍しない体操競技の選手に似て、そんなのお話になりませんわ、オホホホホッ♡」

という事なのだ。最近、マツコ・デラックス氏をやたらと眼にするので、少し伝染《うつ》ってしまった。沢山、伝染られないよう用心せんといかん。私としては、

「技は、頭頂の百会《ひやくえ》穴を始起となし、正中心を経由し、会陰《えいん》穴からの垂直線と地面との交点を停止とする、その垂直線の落下運動の中で、地面に完全に着地するまでに、終了せよ」

と、これが答だ。さらに申せば、

「地面に対して、垂直方向に働く落下エネルギーは、90度引き起こす事によって、実に容易に、水平方向のエネルギーに、変種し得るッ」

でもこれッて戦闘機のパイロットなら、曲芸飛行の一つとして、第一次世界大戦以降、どの国のパイロットでも皆やっている、平凡なテクニックでしょうが。つまりプロのパイロットで、

「急降下から、機体を水平方向に」

こんな単純ことができない、あるいはそれに対して、不可能と文句たれるアホなパイロットは世界中探しても、おそらく一人もおりませんわ。そんな低レベルの質問を堂々と出して、な〜んも恥ずかしくないのは、ビデオ屋のツタヤで店員が男ばっかりだから安心して○○ビデオを借り、さて受付けの時に、いきなり受付けの店員が、男から美人に換わって、羞恥心でまともに心不全の発作を起こしかけた

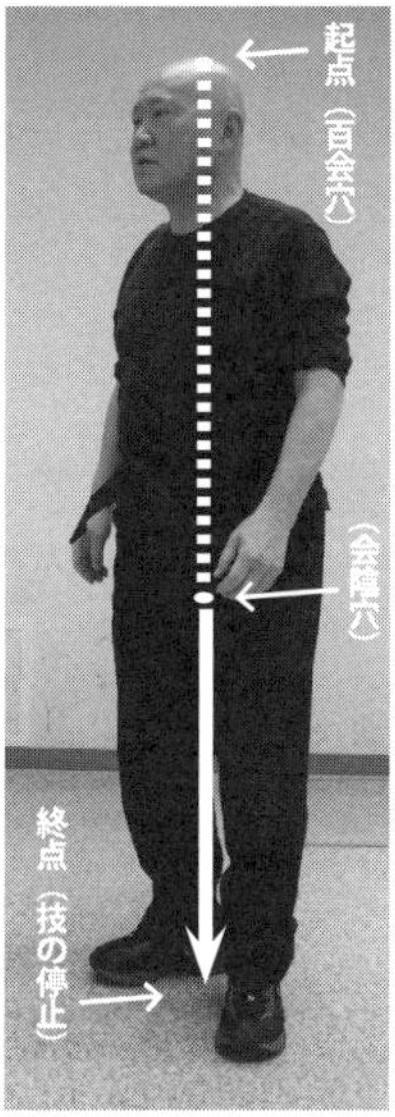

重力を利用するため、垂直線上の落下運動を考える。頭頂を起点とし、そのまま正中線を通る垂直線が地面と交わる点を技の停止とする。すなわち、身体一つ分の落下だ。しかし、真下方向の力を水平方向の打撃の助力とするためには？

私には、理解しがたい恥知らずであるといえよう。

「恥ずかしいのはお前だッ」

と反論する人には、その時、即座に持ち直して、武術家らしい一瞬の早技で列外に逃れ、階段で足が引っかかって危うく転落しつつも、鍛えた正中心で見事にバランスを取り、悠然と○○コーナーへ行って、こそこそとビデオを棚に戻した、私の勇気を見習ってほしい。人間、勇気が肝腎だ。

勇気があれば私のように立派に方向換えできる。

●正中心について

さて、

「重力の落下エネルギーを、着地する前に、一気に水平方向のエネルギーに転換すること」

は、90度のベクトル変換によって、誰でも可能である。それは歩く道で

「回れ右ッ」

をして別の道を選ぶような、平凡な技といってよい。ただ、早くこれを行うには、巧妙な、

「両膝の屈伸が必要だ」

膝を抜いて〝落下〟開始（写真1）。垂直方向に落下していく自重が地面に到達する前に水平方向にベクトル変換してゆき（写真2〜3）、その力を打撃に添加させて放つ（写真4〜5）。

戦闘機が垂直落下から水平飛行に転じた時、落下時に受けた重力加速が飛行速度自体に添加されている。

という事を知って下さい。そのためには、

「落下の起始において、軽く両膝を曲げて、地面に対して垂直のスネの角度を保持すること」

理由は、構造学上、真上から加えられる力に対しては、垂直に真下から支えるのが最も好ましいからである。さて、これによって、

「全体重を、垂直方向から水平方向へ、ベクトル変換すること」

は可能となった。すなわち、体重70キロの者が、位置エネルギーの助けを借りて、体重１４０キロ以上になって、その重さを水平方向に叩き付ける用意ができた訳だが、

「現実にこれが可能か」

といえば、できない人がほとんどである。その主たる病因の話をするが、結論からいえば、その原因は、

「腹筋」

「正中心の力」

「強く止める呼吸法」

この三つにある。何の話をしているかといえば、正中線の起始である百会穴から始まり、停止である会陰穴の真下である地面の一点で終わる、1・7メートルの垂直落下エネルギーは、実に、

「腰腹、正中心、呼吸の詰め等によって、容易に寸断されるッ」

という事実を言っているのだ。すなわち、

「腹筋に力を入れる事で、一瞬にして落下エネルギーは、その位置で寸断され、地面まで落下する事はない」

同様に、

「正中心に力を入れる事によっても、落下エネルギーは正中心の位置で、確実に停止する」

すなわち半分の落下力しか使えない。さらに、

「呼吸を強く吐く事によって、落下エネルギーは横隔膜の位置で停止する」

という訳なのだ。ゆえに稽古は、

「腹筋にも、腰筋にも、海綿体にも、力を入れないこと」

「正中心に力は絶対、入れないこと」

「呼吸は止めず、ゆるめること」

等に注意が必要だ。肥田式強健術が、正中心で力を止めるのは、内圧によって筋肉を強化するためと思われる。必殺の一撃は、自己の筋肉強化法にあらず。殺敵のためゆえに、技法は異なる。

●正中線の勝手な移動について

「百会穴の位置から急降下して、その加速エネルギーを、地表すれすれで引き起こして、一気に敵の奥の方の足裏の下へ、地表すれすれで持って行く」

このごとく、落下エネルギーを操作する事によって、敵の体は不思議な事に、

「必ず浮く」

これも一種の「合気」だが、なぜそうなるかといえば、

「敵と我が一瞬、連結したからだ」

といえる。ホモでもないのに、

「男同士でどうやって連結したのか」

といえば、ここは電気的に考えて頂き、

「相手の皮膚に触れた事によって、連結したのである」

相手の体に手を触れた瞬間、高い電流を流せば、双方同時に感電する。すなわち、

「手を触れた事で物理的に連結した」

のである。連結した状態で、片方が、

「1・7メートル上から下へ」

エネルギーを降下させると、それは、

「上から下へ働く射出エネルギー」

として両者に働く。ゆえに一瞬、

「推力を得た両者の体は同時に浮く」

のだが、ここで考えねばならんのは、

「人の体に触れる」

という行為が及ぼす所の、

「自ずから生じる正中線の移動」

である。その辺りの話をする。例えば人が肩幅の足幅で、まっすぐ立つ時、正中線はその人のど真ん中に落ちる。これは、両足の裏に、

「均等に体重が掛かるバランス感覚」

として自覚される。話はここからだ。次に試しに、日本刀を左腰にさして見たまえ。即座にバランスは崩れ、

「左足の裏のみで立っている感覚」

が生じる。この違和感は刀の重みで、

「正中線の軸が約15センチほど、左にずれたこと」

によって生じる。わずか1キロの刀でこの始末である。それを考えると、

「70キロもの体重の人を、拳で打った場合にはどうなってしまうのか」

結論から言おう。まずは、

「相手の体に、手が触れた瞬間」

攻撃者の正中線は、瞬時に足の踵に移動する。すなわち、後方に移動する訳だが、その理由は、相手

の体が、水平のバイオリズムの振動で、微妙に前後に攻撃者を、押すからだ。この振動を持たない人は、いない。ゆえに力を抜いて自然落下だけで人を打つ時、攻撃者の正中線軸は一瞬必ず後方の踵に移動する。この瞬間、攻撃者は力を捨てているから、相手の力とぶつかることは、

「絶対にないッ」

ゆえに無意識の中の横ぶれのバイオリズムの振動を、ぶつからずに外された相手は、無意識の中に意図した支えを失って、必ずガクッと一瞬前によろける。

「相手の力を抜いてしまう合気」

の入口はまさにここだ。この瞬間、

「相手の体が予期した支えを失ったために、前にズッコケたッ」

とこれを発見した人は、次の瞬間に、攻撃に転じる事ができる。その攻撃は、

「闘志満々、戦闘準備完了だあッ」

の強壮者に加えるそれとは、手応えが全く異なるものだ。なぜならば相手は、

「すでにズッコケてしまっているから」

だ。それが復元する前に、致命傷を与えてやろう。その技法は、

「百会穴から急降下して、足が着地する前に、体を90度引き起こして体重に重力落下のエネルギーが、さらに加算された状態で、なおかつ全速力で急降下した速度を失う前に、敵の「水月」に拳をぶつけるッ」

すなわち、必殺の一撃の瞬間、正中線の軸を90度捻って踵から爪先に軸を移し、

「重力落下を利用した最大の重さと、落下速度を自己の反射神経に加えた最速の早さを、総合力として送る」

その結果、攻撃者の体重は一瞬倍の、140キロとなり、70キロの相手を大人と子供の体重差で、ブッ飛ばす。さらにその結果、相手の体は確実に、

「急激にのけ反ってしまうッ」

体が反っているゆえ「水月」を制した動力の刃先は計らずも

「相手の心臓をモロに直撃する」

という訳だ。

残念だが頁数が尽きた。愛読者に心から感謝しつつ、本項を終了させていただきます♡

■

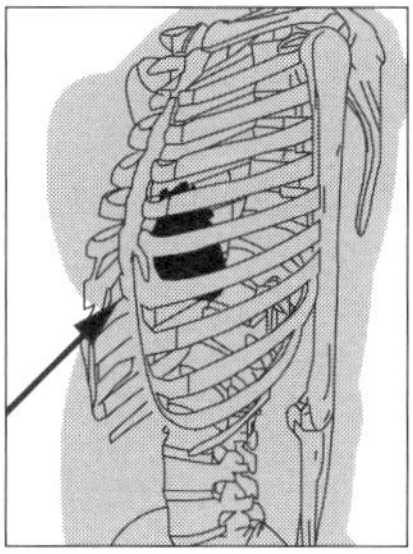

水月へ、下から"ある角度"で突き上げれば「心臓直撃打」。これぞ必殺の一撃。この辺は前項をご参照のほど。

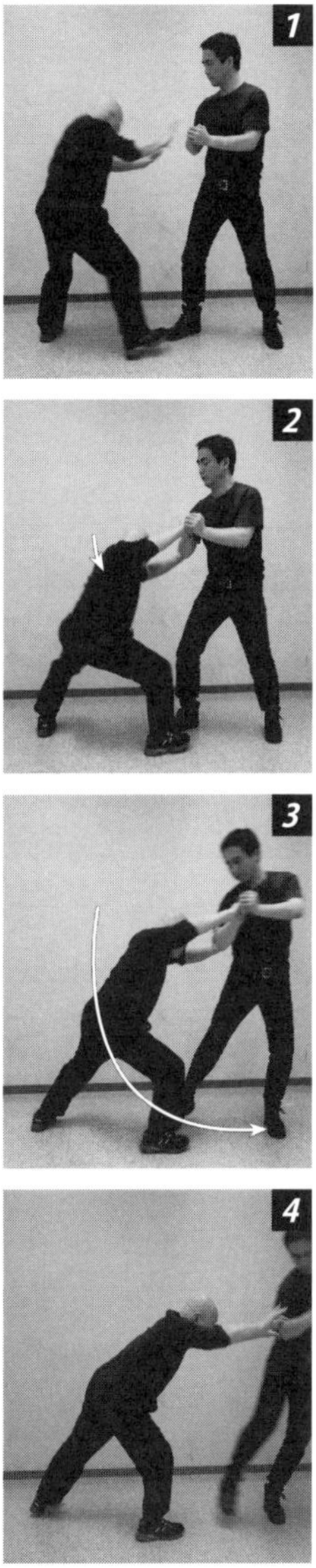

攻撃者（写真左）が落下途中で他者に触れると、触れられた者は浮かされつつもその固有の水平振動により押し返すような動きが生まれるが、攻撃者が完全に力を捨ててそれにぶつからない状態にあると、触れられた側は一瞬スカされたように、つんのめるような崩れが生じる（写真1～2）。その瞬間をとらえ、落下を水平ベクトルに転換させた攻撃力で相手を大きく崩す（写真3～4）。

近藤孝洋（こんどう たかひろ）

10歳の頃より古流剣術「会津慈元流居合術」を学び、その後太極拳や古流柔術を学んだ経験を加え、剣術、徒手格闘術、中国武術等を網羅した武術極意を追究する「無住心会」を発足。自身の研鑽および指導にあたっている。

著書：『極意の解明―武術の秘伝妙術とは』（愛隆堂）、DVD『秘術と気の力』（1・2巻）、『秘術　武の極意』（剣術編・体術編）（BABジャパン）

装幀：中野岳人

本文デザイン：和泉仁

武術極意の“深ぁ～い話”

2017年7月30日　初版第1刷発行

著　　者　近藤 孝洋

発 行 者　東口 敏郎

発 行 所　株式会社ＢＡＢジャパン

〒151-0073 東京都渋谷区笹塚1-30-11 4・5F

TEL　03-3469-0135　　FAX　03-3469-0162

URL　http://www.bab.co.jp/

E-mail　shop@bab.co.jp

郵便振替 00140-7-116767

印刷・製本　株式会社暁印刷

ISBN978-4-8142-0072-6　C2075

※本書は、法律に定めのある場合を除き、複製・複写できません。

※乱丁・落丁はお取り替えします。

DVD Collection

武術DVD　無住心会近藤孝洋師範 ―――――― 絶賛発売中!!

秘術と気の力 全2巻

The secret of "Bujutsu"

古流剣術と中国武術を多年に渡り研鑽・探求してきた無住心会・近藤孝洋師範が体現する武術の極意――潜在能力の活用による「気」の力を2巻に渡り丁寧に解説していく。

第1巻 収録時間68分　本体5,000円＋税

打たせずに打つ"斬撃"の修得 斬撃技法編

■内容:秘術とは―潜在能力を活用する／逆理の身法―気の射出と加速／転(まろばし)―打気による陽動防御技法／八寸の延び金―バイオリズムの極みを打つ／破想―深層意識を知覚する

第2巻 収録時間60分　本体5,000円＋税

力がぶつからない"崩し"の修得 崩し技法編

■内容:崩しとは―自沈を誘発する／気の動きと質の向上／気の活用とベクトル／気を制御する／掌打による崩し

電子書籍 武術BOOK　これまで無かった武術書の誕生!!

武術極意の本当の話。

古流剣術・古流柔術・古傳中国拳法の秘術の探求

古の武術の達人の強さの秘密、その本当の話を教えます!
達人だけが「人間の深層意識の作用」、「バイオリズム」、「生理的反射のシステム」を熟知し、それを利用していた!?本書ではそんな達人の世界について、本当の話をします。

目次
■序文 秘術の探求
■古流剣術編:上泉伊勢守「転(まろばし)」／小笠原玄信「八寸の延び金」／針ヶ谷夕雲「無住心剣術」
■古流柔術編:柳生十兵衛「月之抄」
■古伝中国武術編:王宗岳「太極拳論」
■実技編

■近藤孝洋 著　■184頁

DVD Collection

無住心会 近藤孝洋師範

現代に遣う
極意のポイントを学ぶ!

秘術 武の極意 [全2巻]

武術において実現が難しいといわれる秘術の数々を独自の研究と研鑽により体現する無住心会・近藤孝洋師範。当DVDシリーズではその特別講習会の模様を「体術編」「剣術編」として丁寧に収録。自分が生徒となった感覚で学ぶことができる。

バイオリズム、ゼロの踏み込み、重心の結合

体術編

収録時間 59分　本体5,000円+税

CONTENTS　**①避けられない突き**　軸足に体重をかけない踏み込みでエネルギー量が２分の１で済み速度＝時間が短縮される　**②突きの効かせ方**　打撃点に凭れ込むように打つことで体重＝力が効率的に伝達され重い突きとなる**③力の出し方——二目平視と抜背**　遙か後方から来る水平の力（直線状態の長い周波数）を抜背させ印堂の力と合わせ相手を制する　**④半身の使い分け——化勁のコツ**　半身を使い相手の攻撃速度をそのエネルギーを奪い取る意識で加速させて処理する**⑤崩しの極意**　相連不断とは相手と自分の重心結合により生まれたバランス点に力を加えること

半身振動、倒れ込み、古伝の刀法

剣術編

収録時間 65分　本体5,000円+税

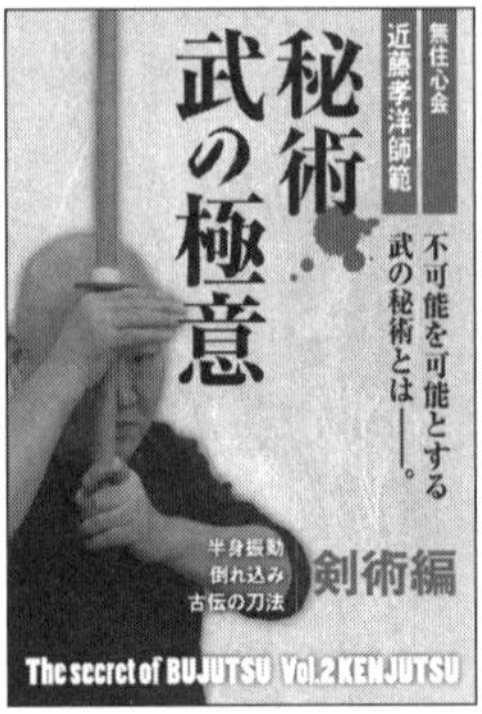

CONTENTS　**①正眼の構**　指のスリットから覗くことで間合いを人為的に二十センチほど遠ざけることができる　**②斬法**　振る時は半身のみを振動させ、軸足に全く体重を移さず相手に倒れ込むような体の使い方で斬る（基本（素振り）／草薙の剣（陽）／草薙の剣（陰）／来刃の剣／三絃の太刀）　**③鍔競り合い**　離した手で相手の手を掴み、即座に一番近い部分を斬ることを基本とし、崩しでは二分の一の倒れ込みに留意する（摑み手／摑み手の返し技／足払い／足払いの返し技／圧し斬り／圧し斬りの返し技）　**④居合術**　鞘を引くのではなく突き出すことで刀身を加速させていると推測することができる

BOOK Collection

サムライ・ボディワーク

日本人が求める身体の作り方は日本人が一番知っていた!

強靭な“基盤力”しなやかな“自由身体”敏感な“高精度システム” カタカナ·メソッドばかりがボディワークにあらず!伝統・古流武術こそが理想のボディワークだった!! 体幹を強化し、全身をしなやかに繋げる!振り棒、四股、肥田式強健術、自衛隊体操、自彊術、茶道、野口体操、弓道 etc. 武道雑誌『月刊秘伝』で紹介された、選りすぐりの“知られざる究極身体法”を収録したトレーニング集!

●『月刊秘伝』編集部 ●A5判 ●176頁 ●本体1,600円+税

武術の“根理” 何をやってもうまくいく、とっておきの秘訣

剣術、空手、中国武術、すべて武術には共通する“根っこ”の法則があります。さまざまな武術に共通して存在する、身体操法上の“正解”を、わかりやすく解説します。剣術、合気、打撃、中国武術…、達人たちは実は“同じこと”をやっていた!?
　あらゆる武術から各種格闘技、スポーツ志向者まで、突き当たっていた壁を一気に壊す重大なヒント。これを知っていれば革命的に上達します。

●中野由哲 著 ●四六判 ●176頁 ●本体1,400円+税

考えるな、体にきけ! 新世紀身体操作論

本来誰もに備わっている“衰えない力”の作り方!

「胸骨操作」「ラセン」「体重移動」…アスリート、ダンサー、格闘家たちが教えを請う、身体操法の最先端!「日野理論」がついに初の書籍化!! “自分はできてなかった”そこからすべてが始まる! 年老いても達人たり得る武術システムの不思議! 意識するほど“非合理”化する身体の不思議! 知られざる「身体の不思議」すべてを明らかにする!

●日野晃 著 ●A5判 ●208頁 ●本体1,600円+税

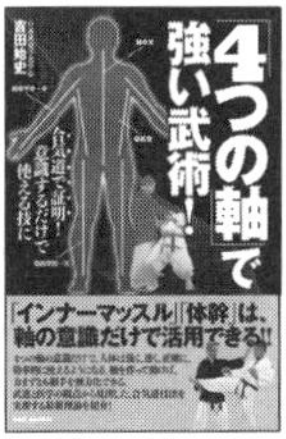

「4つの軸」で強い武術!

～合気道で証明!意識するだけで使える技に!～

4つの軸の意識だけで、人体は強く、速く、正確に、効率的 に使えるようになる。軸を作って動けば、力まずとも相手を無力化できる。武道と医学の観点から見出した、合気道技法を 実現する最新理論を紹介!合気道の上達を目指す方はもちろん、あらゆる武術やスポーツでレベルアップを求める方に!

●吉田始史 著 ●四六判 ●216頁 ●本体1,400円+税

古武術「仙骨操法」のススメ

速く、強く、美しく動ける!

あらゆる運動の正解はひとつ。それは「全身を繋げて使う」こと。古武術がひたすら追究してきたのは、人類本来の理想状態である“繋がった身体”を取り戻すことだった!スポーツ、格闘技、ダンス、あらゆる運動を向上させる“全身を繋げて”使うコツ、“古武術ボディ”を手に入れろ!誰でもできる「仙骨体操」ほか、古武術をもとにしたエクササイズ多数収録!

●赤羽根龍夫 著 ●A5判 ●176頁 ●本体1,600円+税

Magazine

武道・武術の秘伝に迫る本物を求める入門者、稽古者、研究者のための専門誌

月刊 秘伝

古の時代より伝わる「身体の叡智」を今に伝える、最古で最新の武道・武術専門誌。柔術、剣術、居合、武器術をはじめ、合気武道、剣道、柔道、空手などの現代武道、さらには世界の古武術から護身術、療術にいたるまで、多彩な身体技法と身体情報を網羅。毎月14日発売（月刊誌）

A4 変形判　146 頁　定価：本体 917 円＋税
定期購読料 11,880 円

月刊『秘伝』オフィシャルサイト

古今東西の武道・武術・身体術理を追求する方のための総合情報サイト

web秘伝

http://webhiden.jp

秘伝　検索

武道・武術を始めたい方、上達したい方、そのための情報を知りたい方、健康になりたい、そして強くなりたい方など、身体文化を愛されるすべての方々の様々な要求に応える
コンテンツを随時更新していきます!!

秘伝トピックス
WEB秘伝オリジナル記事、写真や動画も交えて武道武術をさらに探求するコーナー。

フォトギャラリー
月刊『秘伝』取材時に撮影した達人の瞬間を写真・動画で公開!

達人・名人・秘伝の師範たち
月刊『秘伝』を彩る達人・名人・秘伝の師範たちのプロフィールを紹介するコーナー。

秘伝アーカイブ
月刊『秘伝』バックナンバーの貴重な記事がWEBで復活。編集部おすすめ記事満載。

道場ガイド
情報募集中！カンタン登録！
全国700以上の道場から、地域別、カテゴリー別、団体別に検索!!

行事ガイド
情報募集中！カンタン登録！
全国津々浦々で開催されている演武会や大会、イベント、セミナー情報を紹介。